AMAZING
WORDSEARCH
FOR DADS

OVER 150 PUZZLES

This edition published in 2023 by Arcturus Publishing Limited
26/27 Bickels Yard, 151–153 Bermondsey Street,
London SE1 3HA

Copyright © Arcturus Holdings Limited
Puzzles by Puzzle Press

AD010945NT

Printed in the UK

MIX
Paper | Supporting
responsible forestry
FSC® C171272
www.fsc.org

Gifts for Dad

```
Y T E S R E K O P J W E H O M
S I T C E G N Y U Z A A V S B
T N A S U N G L A S S E S K T
S K S S K C O S C H G R G I M
E W A L L E T Y R A I D N N U
T Y L T D E A T V X J W I C B
A R E M A C E K O E L F R A L
L B P V P M S B N L L N Y R A
O N G B A G L I W B E K E E O
C U U G D O W C T A E K K I T
O Q I H O V V Y Q T T K V S O
H O T T K P W C B N Y C H T H
C G A D G E T L O R K I H T P
V Q R K C C G E O U R P L T E
S L I P P E R S K T W G M S V
```

BICYCLE	GUITAR	SUNGLASSES
BOOK	JIGSAW	TIE
CAKE	KEYRING	TOOLBOX
CAMERA	PHOTO ALBUM	T-SHIRT
CHOCOLATES	POKER SET	TURNTABLE
DIARY	SKINCARE	WALLET
GADGET	SLIPPERS	WATCH
GAME	SOCKS	WINE

```
R N R Y R E L L E T Y R O T S
E O O R E N N A L P Y T R A P
H I T R C H A U F F E U R E Y
P N C O N E G O T I A T O R R
A A E T E N T E R T A I N E R
R P T C U E E R E F E R S G R
G M O O L U F M I R Y S U A O
O O R D F K E P W R E A P R T
T C P G N D L K A R R C P U A
O R E N I A R T D D Z F O O L
H K Q A Y K E R I H E E R C S
P G T M T R I A C H H V T N N
E O A Z C A N X C G F E E E A
R T U E H R O S I V D A R I R
E G S R L I F E G U A R D O T
```

ADVISOR	HAIRDRESSER	PLAYMATE
CHAUFFEUR	HERO	PROTECTOR
CHEF	INFLUENCER	REFEREE
COMPANION	LIFEGUARD	SECRETARY
DOCTOR	MEDIATOR	STORYTELLER
ENCOURAGER	NEGOTIATOR	SUPPORTER
ENTERTAINER	PARTY PLANNER	TRAINER
GUARDIAN	PHOTOGRAPHER	TRANSLATOR

```
S U O I C A D U A T F N J G O
H S P P P L A A H K G R N O D
S B U S Y D R R U N C O Y E S
I L X O C H I C I N R M T V G
L S U W R L N O I T T I V O U
O U M F L E G U S O R L S B T
O O E I T T G D N I R M E K S
F E N W U N A N P A S E E S Y
O G Y O U E E S A I F Y H Z S
C A D K H L I V E D E R A D K
H R P A C D A M E N Q K A S K
A U I M P U L S I V E P L I A
N O P E R I L O U S A H E W D
C C I N T R E P I D Y R K J L
Y S U O T I U T R O F E B E B
```

AUDACIOUS	EVENTFUL	MADCAP
BRAVE	FOOLISH	OUTGOING
CHANCY	FORTUITOUS	PERILOUS
COURAGEOUS	GUTSY	PLUCKY
DANGEROUS	HEADSTRONG	RISKY
DAREDEVIL	HEROIC	SPIRITED
DARING	IMPULSIVE	THRILLING
DAUNTLESS	INTREPID	UNAFRAID

```
P S E I P N A C I R E M A B S
K M Y V M E E R H T O R Z L E
O A B U X O L J N M E P D R A
T D A E M V O U E C L T P L T
M D B R D O D N N E C T U O T
N A A I O B C A L O J F B N L
O Y P F O H R K N I I S A U E
D E E T H P R A I T G J B J B
D T T B Y V I E U N Y H W C Z
E N I U O R A A L T G Z T Y Y
G E S O B R E M W G M B O D T
A R A D Q B O Q R W N B I E W
M A R S N E K A T W O I E R I
R P A R F X T M D L Q M J M D
A I P M B S M Y L I F E V Y E
```

AMERICAN PIE	LIFE IS BEAUTIFUL	STAR WARS
ARMAGEDDON	MEET THE PARENTS	TAKEN
BOYHOOD	MOONLIGHT	THE ADDAMS FAMILY
BOYZ N THE HOOD	MRS DOUBTFIRE	THE PARENT TRAP
CON AIR	MY LIFE	THE ROAD
FINDING NEMO	PARASITE	THREE MEN AND A BABY
JINGLE ALL THE WAY	PRANCER	TO KILL A MOCKINGBIRD
JUNO	SLEEPLESS IN SEATTLE	

Relax

```
L M A R K C S D K C A B T I S
I P A P E L P U N E T H G I L
E E C E A S R U Y I B E E E C
D T K C R N W E S D W S A Z B
O E K A B D T O L L T N I A S
W E A Y N G Y A R A E R U G H
N N W O D M L A C D X E I R U
T R I N D E Y R D B B Z P A T
U E F J Y S A E T I E K A T E
O Z A F M E Z P B A S L E S Y
L O S L O W D O W N O O Z E E
L O E F W D F S U D N E B N U
I N O D L O O E R E B M U L S
H S F O E T A N R E B I H K N
C E E A S E N I G A M I T E S
```

CALM DOWN	LIGHTEN UP	SLEEP
CATNAP	NOD OFF	SLOW DOWN
CHILL OUT	RELAX	SLUMBER
DAYDREAM	REPOSE	SNOOZE
DROWSE	SHUT-EYE	STARGAZE
HIBERNATE	SIESTA	TAKE IT EASY
IMAGINE	SIT BACK	UNBEND
LIE DOWN	SLACKEN	UNWIND

```
J X G T N E M H C A T T A U N
P G Y V Z O A R E V O L G R E
L Y I N Y N U G S B N G A M T
B S A B D S N X N D N E J E O
D U O S H W K Q E I Y T N C D
T C O R B E O V M B V G N N Y
S M U D E E O R R E A O A E O
E E C T O T A I S G S G L L U
R T G N I H D U E H D U Z O Y
I V E O C E K D T A I D N V F
A C N V R A X I T I H P X E V
F Z T J U R A I T X F E P N V
B K L R O T N A P T O U N E I
Z C E V M G J F P M E G L B N
N W H Y A L L E G N A N T V K
```

AMOUR	CUTIE	HANDSOME
ANGEL	DATING	KITTEN
ATTACHMENT	DEVOTION	LOVER
BEAUTIFUL	DOTE	LOVING
BENEVOLENCE	ENGAGED	SWEETHEART
BRIDE	EROS	VENUS
CHARMING	FAIREST	WORSHIP
CRUSH	GENTLE	YEARN

```
K R O F B F Z S R A E H S X Q
P L A N T P O T S J E O J I H
S N G U R T O O L S O J H W L
G Y M E Q U I P M E N T T E O
V C M T I K G N I P M A C R U
K D O O F D R I B A O S A B T
L E W O R T A D G I W E H E D
B D G V H Z S C S N E C G M O
R B Z P C R S Z V T R A S O O
U M I M V E S E C U B T Q H R
S O E C N I E J S F S E A G G
H X O I Y R E S A O B U B J A
Q Y W W A C D E R S H R C T M
D T B K G P L E V O H S C S E
Q U E P Y O R E M M I R T S S
```

BICYCLE	HOME BREW	SECATEURS
BIRD FOOD	HOSE	SHEARS
BRUSH	LEAF BAG	SHOVEL
CAMPING KIT	MOWER	STRIMMER
FORK	OUTDOOR GAMES	TOOLS
GRASS SEED		TROWEL
GYM EQUIPMENT	PAINT	TRUG
	PLANT POTS	TWINE
HOE	RAKE	

```
Y N N A N E T O O H N R L R T
P N X Z M Z P J S Y E C A E P
N J A M B O R E E I D L S V C
C Z N R G J O E O R R A U E E
A O O U J E S R E R A I O L I
R H I Q C E Q C L R G C R R L
N O S N L T E L L L P O A Y I
I E A W X P E T E F A S C P D
V D C C T N I U C T N B L F H
A O C I I C T M Q Z X C Y R M
L W O M K N S H I N D I G O R
M N G J K O C N Z Q A R T L B
Y R A S R E V I N N A B S I A
G Q L I X N U U P O D B T C S
U X A F A R E W E L L H S N H
```

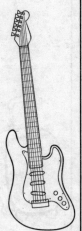

ANNIVERSARY	FAREWELL	OCCASION
BALLROOM	FETE	PICNIC
BANQUET	FROLIC	RAVE
BASH	GALA	RECEPTION
CARNIVAL	GARDEN	REVELRY
CAROUSAL	HOEDOWN	SHINDIG
CEILIDH	HOOTENANNY	SOCIAL
DANCE	JAMBOREE	SPREE

To be the father of a
nation is a great honour,
but to be the father of a
family is a greater joy.

Nelson Mandela

```
T T G R Y Y M O D G T C W D T
Z G V R K D J Q F N R L V E C
C O J C I O R E H I A C Y T X
A D U L O T U A T H W I T R B
S L H A P Z T U H C L N S A Q
P F R V F E E Y D N A T I E F
I E L T T E M N M I T R E H F
R A V D K E E A L L S E F N B
I R F F G Z H A G F I P W O S
T L Q C A C V Y G N V I L I T
E E E R H X R Z M U D D N L O
D S B E D E T N U A D N U M I
O S E T U L O S E R N I A P C
H K R K Y X S U O R O L A V A
Y I N D O M I T A B L E Y N L
```

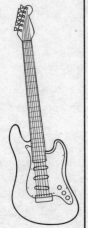

BOLD	HARDY	RESOLUTE
BRAZEN	HEROIC	SPIRITED
CHEEKY	INDOMITABLE	STALWART
CHUTZPAH	INTREPID	STOICAL
FEARLESS	LIONHEARTED	UNDAUNTED
FEISTY	MANLY	UNFLINCHING
GAME	METTLE	VALIANT
GRITTY	PLUCKY	VALOROUS

```
C D Z A C T S P D P K B X M W
O M S A G S M T B O U N K U L
B D V C I W O O D P G T A T C
J I W O M D R I V E P L T H I
T R R N M C R Y W Z B U E E S
E B P D E F H H R A F U O G R
E L H O I G E I T A H G L P L
R C E R U E E R I L H O H C N
O N I O I Q O R W G U A O L L
F R R L C S W T P R Z L I K C
V S U V S A A Y Y A Y N A A E
S E K F Y T L N R I K E D S E
C B U N K E R D N S G D G D U
M A T C H P L A Y S I D A O M
P T O V I D G R E E N F T Z B
```

ALBATROSS	DOGLEG	HOOK
BIRDIE	DRIVE	LINKS
BOGEY	FADE	MATCH PLAY
BUNKER	FAIRWAY	PUTTER
CADDIE	FORE	ROUGH
CLUB	GIMME	SHANK
CONDOR	GREEN	SLICE
DIVOT	HAZARD	WOOD

Gardening

```
T K W U N B U T T X A E E R W
O A T H A O R N J F P S L A K
V U N F H U J A R L F R O S T
K G E G R G B R E H T Y C S R
E Q M S H A Z R O W A N E E E
E F P P I I J U E D A D R G L
H X I U E N C C F T P S O A L
F L U G Q V A K A P I X B C I
P L Q D S I A C O I I A S Z S
J G E A I L P A B R S L U G S
R Q V I E L P L Y L Y H G V Q
N O R S S E L B L S P X C N D
Y V L Y F A E A Z O N Y X U N
B S W E E T W I L L I A M D F
P A R S V F R U E T R B T W V
```

ANISE	DILL	ROWAN
APPLE	EQUIPMENT	SAVOY
AUBRETIA	FIGS	SCYTHE
BLACK CURRANT	FROST	SLUGS
BORECOLE	FUCHSIA	SWEET WILLIAM
BOUGAINVILLEA	GNAT	TANSY
CAGES	HICKORY	TRELLIS
DAISY	KALE	WALLS

```
E T D L G D C A R E F U L T P
D N I R N E S S F S N E U U U
U E S X I N R T X I R T T O M
C I C X W R Z U C B O H A S O
A P E N O A D T D R G D B E D
T A R X N E X E E I X C Z N S
E S N U K L P D R N T A P S I
D I I R D L L B D X K E W I W
H N N C L E V E R W S B G B L
S F G P I X N X H G E M G L E
I O Y S S A S T J L F R A E L
L R E A S O N A B L E W H R V
W M N I Q S U O I C A G A S T
O E L U F D N I M R A U T M K
E D L P D E C N E I R E P X E
```

ASTUTE	EXPERIENCED	SAGACIOUS
AWARE	INFORMED	SAPIENT
BRIGHT	KNOWING	SASSY
CAREFUL	LEARNED	SENSIBLE
CLEVER	MINDFUL	SHREWD
DISCERNING	OWLISH	SMART
EDUCATED	PRUDENT	TUTORED
ERUDITE	REASONABLE	WISDOM

```
R A J O P O A F I H A Y A T E
V U T P H C H W A O O B I G F
U A Z I Y X S R Y I B E C X X
C L A E A A A U R A H D A I D
O F B T B M D S V L O K T A T
P B V A H S T A I C A M Z A W
A D B N B A A X X Z E B Z R D
L F S A F J I V T R Q D A E K
D U V D B A V R E L R A T I P
C V L K C N E W D T Q D A S E
R Q F I J A R E D A V X Y S R
P Y D A U K S F T E N Y J I A
T E Q W W Q I A T A I U V M P
P S R S C K T P M A Q A M A R
D Y Q E P U I V X A I H I P U
```

ABBA	HEIT	TAD
AITA	JANAK	TAICA
ATHAIR	MISSIER	TATA
AWKI	OTAC	TATKO
AYAH	PAI	TEVAS
BABA	PARE	TXIV
BABBO	PERE	VADER
DAID	PITAR	YEBBA

```
Q R T E S F B R I X O G W X G
U H V K J R E T N A B C C Z Z
I B E O F N Q A L T F F C D R
P G S J I E R U T A C I R A C
N H A L N M A C T G S O V P B
C U E B G L H A C S L P A Z M
L N P H S A D U F L E R O S K
O R R H R U G M E A O J I O S
W Z L A E E R R F D R T J G F
N T D N P P Y D Y M C C A D C
I E U T A R A I I O N G E I N
N Y P I C K R J M T V P L K A
G I Q C E O N E P L Y O V S K
C E Q S N L D K N A R P T A K
J O C Y M Y G G I F A K F F A
```

ABSURDITY	DROLLERY	JOSH
ANTICS	FARCE	ONE-LINER
BANTER	FROLIC	PARODY
CAPER	GAGS	PRANK
CARICATURE	IRONY	PUN
CHARADE	JAPE	QUIP
CLOWNING	JEST	SITCOM
COMEDY	JOKE	SPOOF

```
C I S D N U O R O G Y R R E M
B Y S S R E W O L F U A G Z D
S A A B S U O B E M E N D O D
T I R T E S E R A K E O D N G
R P G A I N B P N U J L R N W
O X B N C Q G U T L T I I P T
P S N H L V K A R V A K T Q E
S E E R T S T K V H L C S K A
T S T H E S E T S A S I H D D
E E B A S G S E W A E N T B U
C T T S W U R N S M L C A P C
N S B S E F B F A A V I P O K
E T G E A S A Z K W Z P R N S
F O E E L P O E P E S T O D I
D Z G S L E R R I U Q S V S L
```

BENCHES	LAKE	SHRUBS
BUSHES	MERRY-GO-ROUND	SPORTS
DOGS		SQUIRRELS
DUCKS	PATHS	STATUE
FENCE	PEOPLE	SWANS
FLOWERS	PICNIC	TENNIS
FRESH AIR	PONDS	TREES
GRASS	ROSES	WALKING
	SEATS	

```
S J B N M I S S I O N H R H M
D E N D A P I R G H T A E D U
Y F G O M C B A T A A R R R I
K N I A G H L T D V Y M D O H
M H P N Y N S U X N C N R D T
D F N U A O I C V C A B H D I
G U I R N L V L O L I M R E L
P H A S E R F Y K T S D A N V
V J Y E A G A R L P T F Z B P
N O H C R A J H O E I Y U E E
O H J H U M H C T N O J D R R
H N M A H B K E Z X T N Z R G
C I M P U L S E N H V I R Y I
W Q S E N O B G S U I C E D U
Z D I L I T H I U M I Y K R M
```

AMANDA	FINAL FRONTIER	PHASER
ARCHON	IMPULSE	RODDENBERRY
BONES	KLINGON	SCOTTY
DEATH GRIP	LANDRU	SPOCK
DECIUS	MISSION	THARN
DILITHIUM	NURSE CHAPEL	UHURA
DR MCCOY	ORBIT	VOYAGES
DR NOEL	PERGIUM	VULCAN

Cocktails

```
I E Y Y L A N R K G I W P W O
H C O M L P P R R O P C E B T
C I R Q A Z Z I F N I G L T I
I U B A B I A S K G L X U C J
H J O R W V T F M G Y I J U O
C E R N O O G A L E U L B G M
M L D P N A N O I A R O R A B
G G R L S H T A D M D E D I F
S N P E A Z C I M A E I S Z R
A U I T G G O A R N T H X G I
X J T L B N R M W A O D I Z C
W A O R S T I I B P G M F K K
N Q O Z I N D T P I L R H C E
L N W N Q O I G S E E T A O Y
X T I A W C J G T P B J J M E
```

BATIDA	GIN SLING	MARTINI
BISHOP	GREEN WIDOW	MOJITO
BLUE LAGOON	JULEP	PANAMA
BRONX	JUNGLE JUICE	RICKEY
CHI-CHI	MAI TAI	ROB ROY
EGGNOG	MANHATTAN	SNOWBALL
GIMLET	MAN-O'-WAR	STINGER
GIN FIZZ	MARGARITA	ZOMBIE

Dad is …

```
I  E  A  P  I  G  N  I  R  I  P  S  N  I  G
R  Q  M  C  H  G  R  F  F  G  T  V  A  U  N
E  R  F  G  N  Z  B  M  Q  T  T  M  R  Q  I
S  M  Y  I  N  R  A  A  P  R  H  G  B  G  T
P  P  R  G  A  L  J  A  A  E  O  N  H  N  O
E  A  A  V  N  A  T  M  U  V  U  I  A  I  D
C  T  E  X  W  I  S  E  U  E  G  D  K  R  E
T  E  S  K  E  C  Z  P  Z  L  H  I  B  U  T
F  R  Y  N  A  E  Y  A  R  C  T  U  W  T  O
U  N  T  N  F  P  N  P  M  O  F  G  A  R  V
L  A  B  U  X  S  K  I  L  A  U  W  R  U  E
F  L  N  K  K  G  N  I  V  O  L  D  M  N  D
V  N  X  I  I  X  E  U  Q  I  N  U  V  V  M
Y  A  N  A  E  V  I  T  N  E  T  T  A  R  O
P  D  D  J  Y  H  D  E  M  O  S  D  N  A  H
```

AMAZING	GUIDING	PROUD
ATTENTIVE	HANDSOME	RESPECTFUL
BRAVE	INSPIRING	SMART
CARING	KIND	SPECIAL
CLEVER	LOVING	THOUGHTFUL
DEVOTED	NURTURING	UNIQUE
DOTING	PATERNAL	WARM
FUNNY	PATIENT	WISE

```
P E Y L A L O D S N I K P O H
E P R O J U Y E C S E U L C A
C I G G U D S V R M Y H C E I
N P I I S E V L P Y R I P A T
E R I C S D N O W C O C V L W
G R B A K E R S T R E E T O J
I N C L A E L H D O H O U N D
L A E B D L S E B F T E E D S
L R X R A G T R M T B M N O F
E O U K Z E C L X E I L V N Z
T M T T C B A O V R N I E I I
N O S T A W F C C R O T C O D
I R I N A R S K M L E S A Q E
X V H O L M E S I E B K R R Y
E J B V I R E N E A D L E R Y
```

BAKER STREET	HOLMES	MURDER
CASES	HOPKINS	MYCROFT
CLUES	HOUND	PIPE
CRIME	INTELLIGENCE	SHERLOCK
DETECTIVE	IRENE ADLER	SOLVED
DOCTOR	LOGICAL	THEORY
ELEMENTARY	LONDON	VIOLIN
FACTS	MORAN	WATSON

A Man's Name in the Word

```
E L K C I R T F R E K C I N S
N T H A N G L O P H I L E S K
O Y E S O U R D O U G H E X F
D A P K K E H T S E D L I W Q
E L S E R R E T H A N K F U L
Y Z S Y Y A F Z E U C D O G R
T N M L M R M S R S O P A M E
R O Y T O O G R B W E R D F V
E T H N T D E N E K A E W M A
B R T A A A Y U T P N D H Y D
I A A R N R N E T O U I A N A
L B P G A B A S D E O S Q O C
U M M A S A A R M U P N P T C
G U E R G L A N C E D O I N R
P D B F F P T A B O R C A A A
```

ACROBAT	FLUKES	SNICKER
ANATOMY	FRAGRANTLY	SOURDOUGH
ANGLOPHILE	FRONTAL	SUPERMARKET
ANTONYM	GLANCED	THANKFUL
CADAVER	LABRADOR	TRICKLE
CONSIDER	LIBERTY	UNLESS
DUMBARTON	PARDONED	WEAKENED
EMPATHY	SHERBET	WILDEST

```
D C C E S S F O P S W D P B R
A C A H H E L B D E N M S S E
R I Q O O D Z F D U A R T T P
T S G T O I Q I O E E M U N P
S U B D P R L R R Z B V N E I
G M U O L S O C T P M H O M D
N N M G A G E L O G Q H C E G
I M P S Y C A P A K E H O S I
W F E R I W C S D W O R C U B
S W R X L O T S O F F U N M C
G E C S R K X L O N G B O A T
M A A N R I F L E R A N G E N
V D R J G H O S T T R A I N Q
O H S I F D L O G J M A Z E K
R M R E L L E T E N U T R O F
```

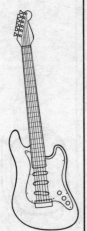

AMUSEMENTS	GOLDFISH	MUSIC
BIG DIPPER	HOOPLA	POPCORN
BUMPER CARS	HOT DOG	PRIZES
COCONUTS	ICE CREAM	RIDES
CROWDS	LONGBOAT	RIFLE RANGE
DARTS	LOTS OF FUN	SLIDE
FORTUNE-TELLER	MAZE	SWINGS
GHOST TRAIN	MERRY-GO-ROUND	WALTZER

Motoring

```
B A T T E R Y E S I S S A H C
E R A E E I X M L P A C B U H
X R O Y K H E A D L I G H T S
H H J T A A G I M O A W R S N
R T O U A W R D H V U W F O G
E O S R U I I B N Z H R I C C
G T T E S E D B E E E T R U I
N S A O S E K A E N C S V S F
E O K E M G P L R N G S V U F
S R L G P R S O U M D I Z L A
S F N Z O O C J W A B G N S R
A E K A T R E V O E Z N G E T
P D C E A R Q R T B R A Y O A
O T Y S Z I R E D N I L Y C M
J G H F X M Q B I C L U T C H
```

BATTERY	DIESEL	MOTOR
BRAKE	ENGINE	OVERTAKE
CHASSIS	EXHAUST	PASSENGER
CLUTCH	HEADLIGHTS	RADIATOR
CORNER	HORSEPOWER	ROADS
CRASH	HUBCAP	SIGNAL
CYLINDER	JUNCTION	TRAFFIC
DEFROST	MIRROR	WHEELS

```
O W O C Q N O L H T A T N E P
P S H I N T Y D G C H E S S O
E O R Z H V V S D A R T S T G
T V L H C T O C S P O H W F N
A S H E N H U V S J N J E G I
N H C X V S S A I L I N G G B
Q U J P B A T O N E T B A L L
U T D A L U U G N P L S O I F
E T A H W Q N L E O X K D D P
G L Y H Z S Z L T D W I U I D
Z E M A N L O T W I K I L N D
R C K M L T O O N P N N U G I
J O S M A E Q O J O G G I N G
Q C G E L T R I P L E J U M P
D K O R Y V E X U Z I C I N V
```

BATON	LOTTO	RELAY
BINGO	LUDO	SAILING
CHESS	NETBALL	SHINTY
DARTS	PELOTA	SHUTTLECOCK
GLIDING	PENTATHLON	SKIING
HAMMER	PETANQUE	SQUASH
HOPSCOTCH	POLE-VAULTING	TENNIS
JOGGING	POOL	TRIPLE JUMP

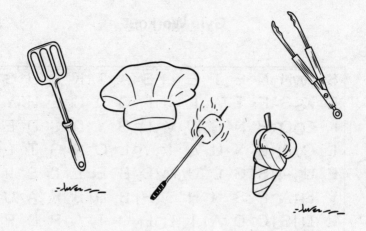

A father carries
pictures where his
money used to be.

Steve Martin

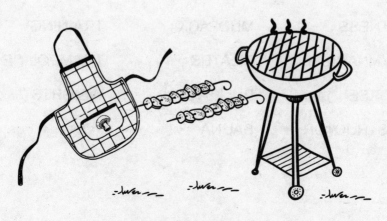

```
S I N N E T E L B A T K P H S
E X S E T A L I P Q D C E H Y
K G Q H N R W V L G Y D C D E
L C A U X U A I Y L O N G T L
E U A S G D U M B B E L L S L
V S A P S N N S P B D B K A U
E L S C D A I L E O T A R D P
R Z T H S U M N G N L C Z A P
A O S I O L M S I N H I X U B
G P U Y F W V Y P A I O N J R
E M F I T N E S S E R G R E L
E C N A D C V R L W T T G S Y
B R O T C U R T S N I S M O E
E W G N I N N I P S S K G V J
Z R A W E I G H T S W A E N C
```

BARBELL	JOGGING	SHOWER
BENCH	LEOTARD	SPINNING
DANCE	LEVERAGE	STEPS
DUMBBELLS	MASSAGE	TABLE TENNIS
FITNESS	MUDPACK	TRAINING
GYMNASIUM	PILATES	TRAMPOLINE
HORSE	PULLEYS	WEIGHTS
INSTRUCTOR	SAUNA	YOGA

At the Football

```
R Z Y B I Q P M G N O S R T T
F M Z A R M U R C P W Z E X N
N U C Y D I E E X X A Q S F A
H Y P O D Y C F E V R A U F H
T I E A A A E A H D F L O C
E S T L R C R W P Z B R T K O
A S P E L E H R A G O A L C R
M H R T F O P W R M U R W I N
S A O E G M W J E V P C I K E
H L R M E L X C G D E R B Y R
E F E B E H F S A P C K K H F
E T P X V D C H N R Y O R Q L
T I L H J A V K A D D E E F A
A M A Z R M X B M G K Z E D G
V E Y F S Z N G A Z Y U B Q K
```

AWAY DAY	GOAL	REPLAY
BEER	HALF TIME	RESULT
CHANT	HOME	SCARF
CHEER	KICK OFF	SONG
COACH	MANAGER	STADIUM
CORNER FLAG	PIE	TEAM SHEET
DERBY	PLAYER	WIN
DRAW	REFEREE	YELLOW CARD

```
Y A R I S S R D G S E M O R F
S E N I L R E B F I I U F Q O
E R N E S W N O P U R R M I V
Y D B D D O R T U O O O A V E
H R N N Y C U A C L N T A P J
L M A U E S N H E T R N L A A
O U G G N O A N R S T O N O R
S N A H L M S E T W N I I R A
A I N T O A A O E D T E K O S
N C O N O L C R O R A L S P P
G H I H I K P N O S N A O P I
E X N T H R Y C I L R Y C A B
L N E O O M U O W O E H H S E
E F L R I O A T H E N S I A U
S M E L B O U R N E T G R A Q
```

ANTWERP	MELBOURNE	SARAJEVO
ATHENS	MONTREAL	SEOUL
BERLIN	MOSCOW	SOCHI
CALGARY	MUNICH	ST LOUIS
CHAMONIX	NAGANO	STOCKHOLM
CORTINA	PARIS	SYDNEY
LONDON	ROME	TOKYO
LOS ANGELES	SAPPORO	TURIN

```
Y L R E V R A C E I S O R I N
P T H U M P E R T M A Y D A Y
P L H O N E Y R Y D E R L F X
N J E O R A T S S I M P H E E
I Y C N A N S F A H A G A P N
L V I Y T U K L Y C O Z D L I
I U J M P Y E N A H M G I O A
A L F O O U O L I B M A B V O
W T T E N A U T M D T M I A N
I C L A C A N I O A R G B N A
O K M S P A X N C O G H O O T
E N I R E V E S J B L D F I O
Q A T I N O B P I V F E A F P
M A R Y G O O D N I G H T W P
E G N A L O S H X S Z M G B Z
```

BAMBI

BIBI DAHL

BONITA

DINK

FIONA VOLPE

HONEY RYDER

JINX

MAGDA

MANUELA

MARY
    GOODNIGHT

MAY DAY

MISS TARO

NANCY

NAOMI

OCTOPUSSY

PAULA CAPLAN

PEACEFUL

PLENTY O'TOOLE

ROSIE CARVER

SEVERINE

SOLANGE

THUMPER

WAI LIN

XENIA ONATOPP

```
J T E X E R M R V M N E H S M
S L T E V M S C E K E N R O Z
R E F T E E X T A V C M D E Y
E J B R Z X T H H E E S O T D
A S Y O K P E A P G I L I R E
S R E C L E B L L W U C C V Y
O S A V X R E A B U A O E D M
N T E T R T M M E G C I H P E
B D N N I E Z U A B L E I T D
L Y G E D O N S R E R N P H U
A N E V M W N M B B E I Z S L
T I N E K U E A R A E A G J L
N A I U M Y C R L E S R S H A
E R U G U R E A H S U R E V T
M B S U L U M I T S R A H C E
```

ACUMEN	GENIUS	REASON
BELIEVE	LOBES	SAGACITY
BRAINY	MEDULLA	SHREWDNESS
BRIGHT	MEMORY	SPECULATE
CEREBRUM	MENTAL	STIMULUS
CLEVER	NERVES	THALAMUS
CORTEX	PINEAL	THOUGHTS
EXPERT	RATIONAL	WISDOM

```
N G W M W L T H T I A E R F Z
A V N U L N U K K R A G A A K
P D Q W X L S M R J J A G E C
P P A S F Q H C A X Q R G M A
A O D V Z R A N Z H O F O J N
L P R Q E B R J O S L I H T T
A A O A P N A D A L E E N S A
C M R F M H A H Y V F L P J B
H I B A N A Z R S K L D Q W R
I R D O M D L R R A C Z S O I
A S T A N I S H G E Y O P O A
N E R A O A E U A L I I R L N
T U R A L S N E C J V S I N X
J T A P M A R Z I D A R N C H
S Q M N I S B B A I T R G W U
```

AL HAJAR	KRAG	ROCKY
AMARO	KUNLUN	SIERRA NEVADA
APPALACHIAN	LAGUNA	SPRING
BONANZA	LARAMIE	STRANDZHA
CANTABRIAN	NADALEEN	TETON
GARFIELD	OZARK	TUSHAR
HOGGAR	PAMIRS	URALS
JURA	PELHAM	ZAGROS

```
G I N M C R Z E H C T A N Q G
Y S L E C E A T P G F J Y T R
R N E C O T D T E B Q Y M N E
V O O O M H C L I F E O E R G
D S X A I G I R Z R N A D E I
H O D U N U L Z E A B P R H T
O A G J G A H A L A O O F T G
U V N V J D Y I G S T K U A H
O M P O K C S K T I I I N F N
A S D M O A L N S S D T O R D
R D T P M C E P S H S O U N E
J U O C O R O J S R R T R N V
X O T K A R O A I T E R H P O
R L O P F F M F L R I O W M M
E Y A J P J X G G R U C K A E
```

BRITA AND I

DAD'S COMING

DAUGHTER AND
FATHER

FATHER AND
SONS

FIRST STEPS,
AFTER MILLET

GOD THE FATHER

JUST MOVED

LAOCOON AND
HIS SONS

MOTHER EARTH
AND FATHER
SKY

PORTRAIT OF MY
FATHER

THE ARTIST'S
PARENTS

THE CREATION
OF ADAM

THE FACTS OF
LIFE

THE FATHER OF
MONA LISA

THE KISS

THE NATCHEZ

THE RETURN OF
THE PRODIGAL
SON

THE THANKFUL
POOR

YOKO
PROTECTING
HIS FATHER
FROM A TIGER

```
U R Y Q Q U L O N C I N H B H
W H I Z Z E R L X Y O H C U K
D L N W H M K G Q U I N R E S
T M A F A V I C T O R Y E L K
F W Y V T S A G S A G E M L R
H A R L E Y D A V I D S O N E
A U I O E R X A A L U U B S L
Y V S Q H N D H K I C Z B Z B
K Y I Q C J A A R R A U H P M
A E H G V M W T E P T K P I A
I L Z N A A H Y I A I I M A G
D D W Y S C R O J T K R U G E
O I A A F Y T N N T R O I G A
K R K M X J D V A D G D R I V
B I M O T A K Z M S A V T O L
```

APRILIA

BIMOTA

BUELL

CAGIVA

CHEETAH

DUCATI

GAMBLER

GAS GAS

HARLEY-DAVIDSON

HONDA

HUSQVARNA

KAWASAKI

KODIAK

LAVERDA

LONCIN

MERCH

PIAGGIO

RIDLEY

SUZUKI

TITAN

TRIUMPH

VICTORY

WHIZZER

YAMAHA

Good-looking

```
E V L G Y G N I R U L L A C P
D M G N I M R A H C R Z O E H
Y S N P R A D I A N T M M V O
L O U H E F S A I M E O B I T
B O C O V R G T N L S X A T O
E S V X E F S T Y D E T U C G
A L F E B G S O N L Y K R A E
U Y E I L S R A N S I A J R N
T G T G N Y H O Z A M S I T I
I R P T A E R A G X B A H T C
F A S L E N H E P I F L R A A
U N X C F R T R P E S S E T U
L D G Z Q N P Z M P L K X G D
F F W X Q S K Z Q R A Y U Q Z
W N G N I H C T E F O D W L F
```

ALLURING	DAPPER	LOVELY
ATTRACTIVE	ELEGANT	PERSONABLE
BEAUTIFUL	FAIR	PHOTOGENIC
BONNY	FETCHING	PRETTY
CHARMING	FINE	RADIANT
COMELY	GORGEOUS	SHAPELY
CUTE	GRAND	SMART
DANDY	HANDSOME	STYLISH

```
E N R E B M A D R E T S M A P
N K R E Y K J A V I K H L F A
B D S L J U B L J A N A R L Z
E S J N J Z V N I C O S I A P
R S O G I O W F E K R S Z A H
L K C F X M S R E K B I R T D
I O A C I R O G D O P I G U R
N P N J I A I Z N H S F B A P
C J O D J B R A T I S L A V A
F E M E O C Y G N L I F D V T
A F U T R N J R Y N X B I X Z
N V O G W O L E R D M A R U N
P K I S A M W B D N M O D C L
A V H Y L R S T Y K M A A O L
M Z C F K O P Q E E V T M T I
```

AMSTERDAM	LONDON	PRAGUE
BERLIN	MADRID	REYKJAVIK
BERNE	MINSK	RIGA
BRATISLAVA	MONACO	ROME
DUBLIN	NICOSIA	SKOPJE
KYIV	OSLO	SOFIA
LISBON	PARIS	VADUZ
LJUBLJANA	PODGORICA	ZAGREB

```
G A P Y S K N I R D E X A Y T
D N E S U O H K A E T S T E J
S E I Y R E L T U C N R L E R
A D S P H E R N L P A I L F N
R E R R P A M A T P R Y D F X
E G E H U I Y R R S R E V O C
P B T B X O T U E S R G S C N
P D I T A A C A S U A L E J I
U E A S B R T T S R T O S C K
S P W L T S B S E P E N S C P
S S E A H R D E D E A S A A A
G U P F O M O R C R W R L V N
B A S N O E H C N U L S G L E
S H Y H H O R S D O E U V R E
N E M F I N A I R A T E G E V
```

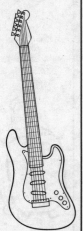

BARBECUE	GLASSES	SUPPER
BISTRO	HORS D'OEUVRE	SUSHI
COFFEE	LUNCHEON	SWEET COURSE
COVERS	NAPKIN	TABLE
CUTLERY	PARTY	TAPAS
DESSERT	RESTAURANT	TIPPING
DINER	SEATS	VEGETARIAN
DRINKS	STEAKHOUSE	WAITER

```
E G J N O T G N I D D A H L Z
E L S M T N E R A N B O H L D
R E M U T F R Y N N E K X A R
I N G F I R O D A W N T Q W L
T L N F H P N T I A H A P K I
Q U W W A A K W P L O E E R T
L C O F L H A A M N P L G I D
K E T H F Q B Y A I E S K K Y
U C G H L I R R R S F F I P E
N I I E S O R G G L C O N X N
H A W W H A C R U A B D T C K
S I F C A S L H U Y B N Y Q R
S T N Y N H M M T T H U R S O
L A R T N E C D A A O O E L R
B B E N N E V I S L Y S M Z W
```

ANNAN	GRAMPIAN	LEWIS
ARRAN	HADDINGTON	LOCH TAY
BANCHORY	HAWICK	ORKNEY
BEN HOPE	HIGHLAND	SOUND OF SLEAT
BEN NEVIS	ISLAY	THURSO
CENTRAL	KINTYRE	TIREE
FIFE	KIRKWALL	TURRIFF
GLENLUCE	LAMLASH	WIGTOWN

```
I V B S E D A R A H C Y S Q Y
S K N I W Y L D D I T K Q T L
I W Z L V I Y M L G C P V A O
N D G Y O Q J U L A U I O B P
C I G R S O Y S J I B N L L O
H A N A Z C P I T J S G L E N
E M O F K G R C B B M P E T O
C D J D A T S A N A C O Y E M
K L H Z I A N L B W F N B N S
E O A O E K N C P B V G A N E
R X M E H G I H F E L Z L I L
S M S T R A D A A I L E L S B
U S S E H C X I K J V O I D R
S E V E N S B R R L B E T C A
D O M I N O E S A B C Z S A M
```

AIKIDO	FIVES	PELOTA
BRIDGE	I SPY	PING-PONG
CANASTA	JACKS	POOL
CHARADES	MAH-JONGG	SCRABBLE
CHECKERS	MARBLES	SEVENS
CHESS	MONOPOLY	TABLE TENNIS
DARTS	MUSICAL CHAIRS	TIDDLYWINKS
DOMINOES	OLD MAID	VOLLEYBALL

Planes

```
X I J S N O L Y P Y D U B S K
Y V O C O N C O R D E J S Q S
D R J Q K J F R N J P I T C H
N A E P T M I R A G E I J A T
T I S T F R A G N A H H A P H
I R Z J P B I S G Z W A G J G
P H A N T O M S S N F M U D I
K R T D E A C D T A I U A L R
C O E Y A G O I B A L D R L W
O L N B E R N J L T R G N A N
C L I D M T U I V E H C U A Z
B I G I A M A D E E H K C O L
S N N K Q R L S D O J H C L D
B G E B O M B E R E B G E M Z
T G P U Z P I R T S R I A Y T
```

AIRSTRIP	HELICOPTER	PHANTOM
BOEING	INTAKE	PITCH
BOMBER	JAGUAR	PYLONS
COCKPIT	LANDING	RADAR
CONCORDE	LOCKHEED	ROLLING
DOUGLAS	LONG HAUL	RUDDER
ENGINE	MIRAGE	TRISTAR
HANGAR	NIMROD	WRIGHT

```
Y R C E S U O L O V I R F Y D
K D T A E B P U E P A G W R C
R E F I O R T L U F L A T P D
E T T I N S F J M A Q S N L L
P A C D I V O E D D D U A E U
W M R D E Y O J R E V O R A F
J I H R F T Z O A A T R E S E
O N T U T D A L S X C U B E E
V A L G D E L L I R H T U D L
I L A Q X U M Y E M N P X E G
A I J K C S C L O E E A E D X
L V C K N E U D T C T R K N T
I E Y L G W T N A I D A R E Y
U L D N U C O J N B R P A Y A
K Y T S Y C B U O Y A N T P C
```

ANIMATED	GLEEFUL	OVERJOYED
BUOYANT	JOCUND	PERKY
CAREFREE	JOLLY	PLEASED
CONTENT	JOVIAL	RADIANT
ELATED	JOYFUL	RAPTUROUS
EXUBERANT	LIVELY	SUNNY
FRIVOLOUS	LUCKY	THRILLED
GLAD	MERRY	UPBEAT

She did not stand alone,
but what stood behind
her, the most potent
moral force in her life,
was the love of her father.

Harper Lee

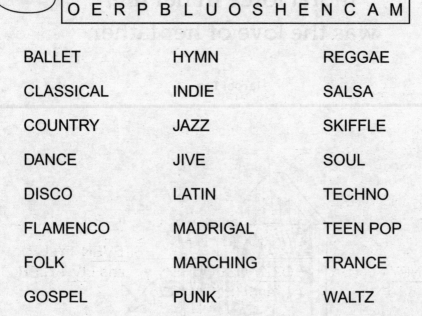

```
N O S A A W D E G F Z U G H O
P B R H B B C K L Z J O B P G
O S U Y I N R A A K S K L O F
P E C N A E M J H P F J N Q Y
N E D R G E E J E X U P C E T
E I T G N V M L B I V U L L B
E C A C I W A A I O J N A F N
T E O J D H R Q D S C K S F V
Y R T N U O C R U R O C S I D
H Q Z T T H U A S I N I K A
J Q O T E V I R T B I G C S N
V Y K C L L N Y A T K X A A C
G K H H L A G M A B I U L L E
L N R X A W W L Y M B I R S I
O E R P B L U O S H E N C A M
```

BALLET	HYMN	REGGAE
CLASSICAL	INDIE	SALSA
COUNTRY	JAZZ	SKIFFLE
DANCE	JIVE	SOUL
DISCO	LATIN	TECHNO
FLAMENCO	MADRIGAL	TEEN POP
FOLK	MARCHING	TRANCE
GOSPEL	PUNK	WALTZ

```
M Y X I F J W A T O K A D Q Y
L U C F E T H A N Z S S S N N
I Q I N E R H A C N Z Q D O O
L R B L I H P L C E G M D K A
Y Y E I T U S I J V H E V C N
N A I A E V Q V D E C U R B I
E N T P Y B N O G T F S K K L
K U S G A L I Z A S J E E M E
M Y G Y Q I C Z G D L E L L G
E I A E R O O Y J L I D P K N
J M B E S N L X Y A J H J L A
T O V O D E E X Y O R A S S Y
N X N K B L Y H H B N L T A Z
I V I G I H C N A E B L H P R
A C I L E J N A R U M E R H H
```

BRUCE WILLIS and RUMER WILLIS

DON JOHNSON and DAKOTA JOHNSON

ETHAN HAWKE and MAYA HAWKE

HENRY FONDA and JANE FONDA

JOHN HUSTON and ANJELICA HUSTON

JON VOIGHT and ANGELINA JOLIE

LIONEL RICHIE and NICOLE RICHIE

OZZY OSBOURNE and KELLY OSBOURNE

PHIL COLLINS and LILY COLLINS

QUINCY JONES and RASHIDA JONES

RYAN O'NEAL and TATUM O'NEAL

STEVEN TYLER and LIV TYLER

```
E F D E E F R O N E D L O G S
K I N G C U P U C A U N I I E
U S E D O R T S M K O P O D L
Y B W I O S K S Y I E M K E B
D A T R Z C E E T P F U N P B
C L L B O L W C R A E P R T E
J S F R F A E O T T L A E H P
M W B L E L V D N O Z G T C V
I U Y R F D O A X N A X A M R
O F U E I M N O L L I D K E E
S A R C N P S U P V G M S S V
C A J F A T P R K D E Q D D Z
X A A O W V B L V C I S N E A
S L R E C B L Q E Q P I O E B
H A N P U P B R E N I L P W N
```

ALGAE	LINER	RIPPLE
BRIDGE	MINNOW	ROCKS
CARP	NEWTS	SLABS
DAMSELFLY	PEBBLES	TOADS
DEPTH	POND SKATER	UNDERLAY
GOLDEN ORFE	POOL	VACUUM
KINGCUP	PUMP	VALVES
KOI	REFLECTION	WEEDS

```
H  P  I  C  C  O  L  O  S  G  N  I  R  T  S
D  N  C  X  G  R  A  N  C  A  S  A  L  X  O
I  V  D  Q  M  Q  B  O  Z  N  F  B  S  T  L
N  K  C  E  B  V  M  K  M  R  I  N  N  I  C
N  D  O  X  R  P  I  W  E  B  O  S  T  H  S
E  L  N  Y  O  O  T  N  A  I  B  H  O  I  J
R  A  C  S  W  K  C  R  S  R  O  R  A  R  O
J  V  E  Q  S  H  I  S  A  P  U  L  S  E  V
A  R  R  N  H  T  U  S  H  S  G  E  C  B  E
C  E  T  O  O  C  S  O  C  N  C  A  T  M  R
K  T  R  N  R  B  N  T  A  T  C  D  U  A  T
E  N  E  E  R  E  M  R  I  V  E  E  N  H  U
T  I  P  U  U  X  O  O  A  V  L  R  I  C  R
N  E  C  M  C  C  N  Y  R  J  L  U  N  D  E
T  A  K  D  K  S  U  I  E  T  O  B  G  G  B
```

BARITONE	DINNER JACKET	PICCOLO
BRASS	FRENCH HORN	ROSIN
CELLO	GRAN CASA	SCORE
CHAMBER	INTERVAL	SECTIONS
CHORUS	LEADER	STRINGS
COMPOSER	LITHOPHONE	TIMBAL
CONCERT	OVERTURE	TROMBONE
COR ANGLAIS	PERCUSSION	TUNING

```
U A C T R E Y O B T S E B Y Q
R E N G I S E D T R A I L E R
R O T A M I N A R E D A E R O
O B S K R C T S I D R O C E R
E U O G E T U D I R E C T O R
B S U H T Y X T R B V Y T I A
C R E F F A G E T W J C G D C
A R X T X R C R N E A R O C O
M U E U P U E A I P R L N B S
E S R D D M M Y U P L N Y T T
R K T O A E O E U Y T H A Z U
A U R H L O K R G B Q N G Q M
M P E B G A L R P W D H S P E
A Y A W M I I G N I B B U D R
N C L L C P L U N X A H M X Y
```

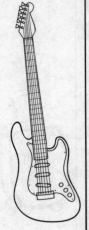

ACTOR	DESIGNER	LOADER
ANIMATOR	DIRECTOR	MAKEUP
BEST BOY	DOLLY GRIP	PRODUCER
BUYER	DUBBING	PROMPT
CABLE MAN	EXTRA	READER
CAMERAMAN	GAFFER	RECORDIST
COSTUMER	KEY GRIP	STAND-IN
CUTTER	LIGHTS	TRAILER

```
O W K P A H G G J U A H C E Q
P R P W U B S T R A D R T S Y
B A E R D F U L P S Q F R H A
I N D V F C R C R I N G S O E
K L X D I J W A S U T P Z E W
E W U O L U O T M E B O T S G
K F H A T E Q N U E D A N A R
X X R R O Q D E L R K X T T G
O K W E D G E T G S E D E O M
E L T S I H W S N U J N K J N
J O H I B R S E V O L G S A L
O V B S A I T J Z L X T A C W
X J Y E R O D E L T T A B K Q
H U E P O R G N I B M I L C C
X U G N I B L I C K A W X O C
```

ARROW	GLOVES	PITON
BASKET	HURDLE	QUIVER
BATON	JACK	RINGS
BATTLEDORE	LUGE	SCUBA
CLIMBING ROPE	NETS	SHOES
DARTS	NIBLICK	SKATE
ETRIER	OARS	WEDGE
FRAME	PADDLE	WHISTLE

```
A R G H A R O T A G A P O R P
S F K E T S R N E S L Y I V C
D E R U R I C A W P F D E T V
E T X A L M H R F I D A V O E
E L A O N O I T A L U S N I G
S F R M B C D N E C I H S L E
E L E L P U H A A R B E T H T
H O C T G E S M E T S L O Y A
C W A S S T R B I T I F E G B
O E S T C O M P O S T O L E L
L R A E F U E P E R E A N H E
C K S S C A R T O W S C N L S
E N B U O M S W M S H O U G T
I F C A S I E V E E I M A E S
U W A T E L L M S A U T E R F
```

BENCHES	GLASS	SHELF
BOXES	INSECTS	SIEVE
CLIPS	INSULATION	SOIL
CLOCHE	ORCHID	STAKE
COMPOST	POTS	TAGS
CUCUMBER	PROPAGATOR	TAMPER
FLOWER	RIDDLE	TROWEL
GERMINATION	SEEDS	VEGETABLES

```
U D U S E A C H E I N L S O N
H R A M N A T N E D E O T M U
L O T E B V I S H R E P S A C
A D E P N W R E W A H E A T I
N R R S R S T D N A V Z L S O
G I A I R V N D S O N M S N S
E G N N E G E E N E W O A E N
R U A G T R S G D E Z K I R I
D E B H S L O A S N G R R O K
B Z A O K G O S E R O A A S D
B E N C N N G C D T E L H I A
M O R R I S I Q K O O C A B W
S I R N W V C J H E O R Z T H
L I D O E J O N E S B W O R D
E R R D S M N U E L S I D C Y
```

ANDERSON	GREEN	MORRIS
BOROS	HAGEN	RODRIGUEZ
BRAID	INKSTER	SINGH
CASPER	IRWIN	SNEAD
CLARK	JONES	SORENSTAM
DE VICENZO	LANGER	WADKINS
GEDDES	LOCKE	WOODS
GOOSEN	LOPEZ	ZAHARIAS

```
W F D P T H E W A L L A P I E
S E L W D R A U G S G N I K S
H L S P N I O R B T Y W T W L
G C Y T R T E D T C Y A A D Z
I H K E E Y T C N U Y W L E O
R N M S J R C O Y A A Y I N R
O Y R O O I O W K C S J S N D
N E Y U S O O S B Y M T A E O
I R E Q B N L E R X A Y I I O
S F N M S Y Q Q A R R U V R W
L F R N N F Q L A A X S P B S
A O O O Q V N I V X A U B O F
N J D X O W H C O N M R S L L
D N S V Q S M N S B A S H R O
S T A R K C E A I N E P T N W
```

ARYA	JOFFREY	SANSA
BRAAVOS	JON SNOW	STARK
BRAN	KINGSGUARD	TALISA
BRIENNE	NYMERIA	THE WALL
DORNE	QYBURN	TYRION
ESSOS	RAMSAY	TYWIN
GREYJOY	ROOSE	WESTEROS
IRON ISLANDS	SANDOR	WOLFSWOOD

```
N A E S Y R N E H M A R T I N
J R A V X L V P W W J J E H N
U B U J E R F J I R A D Y S O
C D N K T G F R O G D X M M L
Y B E L E X E V L E E G E T L
B O B E D M J G L D N Q R Z I
Y N H O I N I L M U U N E M W
T V G F H G D L E J M N J A U
R Q I O N N S A I R N G W X S
E F J L J C E G R O E G Q T C
F D O O O F Y C J V W T E V O
F T Y Q Y G G I Z T N P E A L
A C O O L J A T E I H T R P I
R O K M L W D E C E R L D G N
J E R R Y L Q K N M X O S D J
```

BOB MARLEY
and ZIGGY
MARLEY

JOHN LENNON
and SEAN
LENNON

NICK CLOONEY
and GEORGE
CLOONEY

HENRY FONDA
and PETER
FONDA

JUDE LAW and
RAFFERTY
LAW

STEPHEN KING
and JOE HILL

JEREMY IRONS
and MAX
IRONS

LLOYD BRIDGES
and JEFF
BRIDGES

TOM HANKS and
COLIN HANKS

JERRY STILLER
and BEN
STILLER

MARTIN SHEEN
and EMILIO
ESTEVEZ

WILL SMITH and
JADEN SMITH

```
S M I R A R L G C T E O F O N
D A R I N T O H M E A N X O M
N U Y I N A K E N Y A H D G A
C N L V U Q L P K A G W A G K
V A C O P X H F C X O S N N R
R K H X T I O O Y N H U T I A
E E O L S Q T M S E J A E L V
I A O E E A S T R N R B K U I
N N Y I N M E B E A G E E L L
I T U G S S R H R N H R V A O
A I O E E U C A O Q A T E K B
R S O R M G R D C L G Z R A K
O A E V N Q V B M P C A E M B
Z N B A L V J T L V I N S O N
A A K E I C N I R E K D T E L
```

ACOTANGO	ELBRUS	MAKALU
ANTISANA	EVEREST	MAUNA KEA
ARARAT	GASHERBRUM	NUPTSE
BOLIVAR	HEKLA	RAINIER
CARMEL	KANGCHEN-JUNGA	SNOWDON
CHO OYU	KENYA	TAHAN
DONGBEI	KERINCI	VINSON
EIGER	LHOTSE	ZANETTI

```
R E V L O S M E L B O R P R F
S D Y F P E A C E K E E P E R
P I M B D H T E A C H E R K I
I S R O T U T L K A A O Q O E
D C H E E R L E A D E R S J N
E I P R E N E T S I L N Z T D
R P R E D R I V E R A F Q E O
C L O C O C Y N A M Y D N A H
A I V R R E K L A W G O D T R
T N I O S L J R D D G U I D E
C A D F E A E S T Y L I S T N
H R E N J M O T I V A T O R U
E I R E A G C I H C A O C K R
R A J C L E D O M E L O R R S
T N A E G R E S L L I R D G E
```

CAMERAMAN

CHEERLEADER

COACH

DISCIPLINARIAN

DOG WALKER

DRILL SERGEANT

DRIVER

ENFORCER

FRIEND

GUIDE

HANDYMAN

HOST

JOKER

LISTENER

MOTIVATOR

NURSE

PEACEKEEPER

PROBLEM
  SOLVER

PROVIDER

ROLE MODEL

SPIDER
  CATCHER

STYLIST

TEACHER

TUTOR

```
S W E R Y A N S T E R A L B E
E I S K D L E C E U Y E A P M
L S M U N T I S W P M S X P E
D R K A A O P M P X S T M A H
N E J L E E I A A E R F A P T
A N P B E R H T S F R I R E E
C N Y C R U C S A I O G Q R S
U A H A E L A E E T L B U H I
A B E C O L C N C C I D E A R
C E R W G J D W E I A V E T P
E I N W I S H E S S A R N S R
I D S E M A G U E S T S D I U
P L A U G H T E R B K K P S S
E K E M M B E B A L L O O N S
Y U S E K A C R I N A S E L E
```

BALLOONS	GAMES	MARQUEE
BANNERS	GIFTS	MUSIC
CAKES	GLASSES	PAPER HATS
CANDLES	GUESTS	PLATES
CARDS	HAPPY	SPEECH
CLOWN	ICE CREAM	SURPRISE
FAMILY	INVITATION	THEME
FRIENDS	LAUGHTER	WISHES

Cities of England

```
S X D R O F X O Q O L T Q W D
A P Y P W X N S H H R E M N X
L V B R C Y N O Q C G X A A L
F Y R H E K L Z P D I L C A L
O R E E T T Q J I I R W N Y N
R T D L T A S R W E R C R O X
D N D T G S B E D D A Y T O N
S E L S S M N N H S U S O O N
T V E A A L U I T C E R D R L
A O I C W S L E M R N N H P K
L C F W E T R E P T O A S A P
B E F E W D L Y W L S Z M N M
A K E N U E R E T E X E A T N
N O H D Q L K O M K G N W F T
S W S D S Y A J A S T R U R O
```

BATH	LEEDS	SALFORD
CAMBRIDGE	LONDON	SHEFFIELD
COVENTRY	MANCHESTER	ST ALBANS
DERBY	NEWCASTLE	SUNDERLAND
DURHAM	NORWICH	TRURO
ELY	OXFORD	WELLS
EXETER	PRESTON	WESTMINSTER
LANCASTER	RIPON	YORK

```
Y R E N E C S J M R N W E N D
G A E Y F W I N D O W A L E O
S N A E S I L E J T R E T A F
A O I N C S Y P E C R A S R H
K A T R H E R S A U T G I Y G
A R E U E A E V T D M D H L N
E R K O D T A R K N O H W P S
P I C J U S A T M O R A L I S
F V I L L P R C R C E C J I Z
F A T E E A M S Y O N T G K M
O L E D V B U F F E T N U L T
L H F E R E S E R V A T I O N
W U L U G G E L S L E E P E R
E A S S A L C T S R I F S Z Q
R B E N I G N E L U G G A G E
```

ARRIVAL	JOURNEY	SEATS
BUFFET	LUGGAGE	SIGNALS
CATERING	OFF-PEAK	SLEEPER
CONDUCTOR	RAILS	TICKET
DEPARTURE	RESERVATION	TRAVEL
DOORS	ROUTE	WHEELS
ENGINE	SCENERY	WHISTLE
FIRST CLASS	SCHEDULE	WINDOW

My father taught me to
work hard, laugh often,
and keep my word.

Michelle Obama

```
A Y B C M N N A W S U X G Z D
G L P N T K U W I D L N E Z V
R E C I F F O U E S I E E H F
A G E N T B T B P G S A U I M
U P L X S C R E G M V U N T E
Q R N E Q I A U R E O T R H H
X I R O E W B T S C E S M T R
R V S F I U E D N L E F S L A
E A A Y P S R M L O A S V A W
G T B K P O S I E N C O D E D
N E O S P R G I W Y H V Z T L
A Q T I R E L B M A R C S S O
D F A R N R O T I A R T H K C
W X G C A M O U F L A G E J D
U R E P E E L S Z L H U G C F
```

AGENT	ENCODED	RUSSIA
BUGGING	INTELLIGENCE	SABOTAGE
CAMOUFLAGE	MISSION	SCRAMBLER
COLD WAR	MOSSAD	SECRET
CONTACT	OBSERVE	SLEEPER
DANGER	OFFICER	SLEUTH
DEBRIEF	PRIVATE	STEALTH
EAVESDROP	RISKY	TRAITOR

```
M E B E O S R E T S Y O C Y S
J H A N G I R I E O R X E E M
K A P P A A I G N J F L A C S
V J D O M G G C Q M L U I E G
A V O C A D O H A O R K S S I
I X M N T I K C W C U A M H N
A N U T H E K T H R M A S R G
U Y A O E E A I A E Y U V I E
D U C A R I N N S O Z W S M R
P H K E L M O E N I Q B J P S
O J L S S M E N R I C E L L P
F D J Q L D A A C P E B L F C
S K U A S I N E N H B O X B D
M I S W S I L M A C R A B Y S
D V O E C Y B D M A K I S U O
```

AVOCADO	MACKEREL	SESAME SEEDS
CRAB	MAKISU	SHRIMP
GINGER	MAYONNAISE	SQUID
HANGIRI	OYSTERS	TAMAGO
HOCHO	RICE	TOFU
IKURA	ROLLS	TUNA
INARIZUSHI	SALMON	UNAGI
KAPPA	SEA URCHIN	YELLOWTAIL

```
H A U E S D S X J E T G F S I
S K E M S E O A P O Z N U E T
T T G N U E K O M J S I G S S
O N N N I S R A F T Y G Y R E
F O U E I H I I C A S N P O L
F I S Y R C S C F A E I Y H T
E S E L S A N N Y N O S R O S
E I I L E O P A U L E X T H A
S V R E S L L H D S Y P E S C
E E O J O I O M L A Z X O O D
N L T P R T O C A N D Y P N N
T E S A D V V L C A R O L S A
E T K O I C S E L Z Z U P L S
S J G E C R A I N D R O P S P
O S S B U B B L E B A T H T B
```

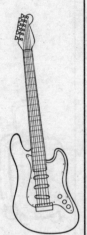

BUBBLE BATH	JELLY	ROSES
CAKES	MUSIC	SANDCASTLES
CANDY	OLD MOVIES	SEAFOOD
CAROLS	OPEN FIRES	SEAFOOD
CHRISTMAS	PARENTS	STORIES
DANCING	POETRY	SUNSHINE
HORSES	PUZZLES	TELEVISION
HOT DOGS	RAINDROPS	TOFFEES

```
A J G L N X P U Q F Z F R K V
G A E A I J Q L L E H C S U R
R A L C O R L E O N E M N N V
R O C G F T O R R A N C E G H
N W Y O B Q L O Y E L S A E W
B O N R S Z N H Q O N G N P R
P R D I S M A D D A K C C P E
R M A O R K E O Y T H R O E V
O W R T F K J O H A R A A T L
S O L L K R L E R D F V F T I
P O I A L R A D I Z K D A O S
E D N R Q D V S K E J P F J E
R N G K U Y D A E D A L U S Q
O K F I N C H O Y R E G R A G
B O O N E C R A T C H I T M C
```

GOMEZ ADDAMS

ED BOONE

VITO CORLEONE

BOB CRATCHIT

DAEDALUS

GEORGE DARLING

ATTICUS FINCH

JAMIE FRASER

JOE GARGERY

GEPPETTO

FATHER GORIOT

MICHAEL HENCHARD

POP LARKIN

KING LEAR

JOHNNY NOLAN

GERALD O'HARA

PROSPERO

THOMAS SCHELL

HARRY SILVER

NED STARK

JACK TORRANCE

JEAN VALJEAN

ARTHUR WEASLEY

HARRY WORMWOOD

Tractors

```
V V W Z K L P B M Q T S C Q J
P X J E Q A C L A A S J A R E
M C U T R Z D H F E N D T M R
B E Q O O H U A D B U V T I E
I H H R F W A O N I X A A S E
L M I B R O I F T H O L F U D
U H E Y J L E N Z I O T E R N
M K S O C R E M I T N R S A H
U Z A E P E G X M D U A S L O
M C·C O R M I C K I N E M E J
A I R T E C O R U U R A D B Q
F L U W E D Y J A B B G L C B
U Z V R V E R V A E T O F F J
H K U B T E B Y P S C K T Y U
K E H S N N A M I L R U H A C
```

AIRTEC	FENDT	MCCORMICK
BELARUS	GRIMME	MERLO
BUKH	HURLIMANN	SAME
CASE IH	JCB	STEYR
CLAAS	JOHN DEERE	TAFE
DANHORSE	KUBOTA	VALTRA
DEUTZ-FAHR	LANDINI	VERVAET
DEWULF	MANITOU	ZETOR

```
F O X A G O N E S F G E T E R
S M E A G O L S Y R R E M U S
Y T I F N W E A S A O B R T E
A I D D K Y N A W W I Z A R D
O B C N D D W R O D L I G Y O
E B E E O L Q O A E S H S Y R
R O L N T R E T E F E H E N A
E H E F R S L E R Y L H V Y S
G E B A H O A E A O E Y L E E
I C R I R R G R B R L I E O A
O A I I W X I N E A T L L M L
N R A E H L L J A D L H F E O
B E N E V S G A F F E R S R R
U O L E G O L A S A I R O M C
F A R A M I R Y L E N E A G S
```

ARWEN	EOWYN	MERRY
BALROG	EREGION	MIDDLE EARTH
CELEBRIAN	FANGORN	MORIA
DWARF	FARAMIR	ORCS
EDORAS	GAFFER	SHIRE
ELROND	GILDOR	SMEAGOL
ELVES	HOBBIT	TROLL
EOMER	LEGOLAS	WIZARD

```
S G N I P P I L C E G D E H E
D G V E G E T A T I O N N S U
X N H S A E R I F N O B I D S
O I S C S L M A N U R E E N K
N R R R T I U C D D G R T U S
Q E E A N N D U E E F R W O L
W Y W P A G Q B E C E I O R L
P A O S L S R S W A A E O G E
S L L I P I P E A Y T S D E H
A M F W S A B V E N H N C E S
W S R B N Z P A S Q E N H F G
D I T O N B S E S O R F I F G
U K F R W K O L R X S C P O E
S O V B A C T E R I A T S C O
T D F K R W K V O R G A N I C
```

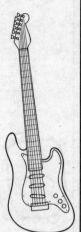

BACTERIA	FLOWERS	PLANTS
BERRIES	HEDGE CLIPPINGS	SAWDUST
BONFIRE ASH	LAYERING	SCRAPS
COFFEE GROUNDS	LEAVES	SEAWEED
DEBRIS	MANURE	STRAW
DECAY	NEWSPAPER	VEGETATION
EGGSHELLS	ORGANIC	WOOD CHIPS
FEATHERS	PEELINGS	WORMS

```
R T P A P M U E S I L O C A R
I O I M D I T M E R O U N D O
N S E U U Y T R G U T R U O C
L R O L C J E C A E P R I N E
S T O A N R I L H C I C E O M
F O G R F E I K L E K O M E U
P U W I L A M C S A K U O G I
S P E E D W A Y Y G S R D S S
A L B E R C P O N T O S O T A
D T G O M R D I S P M E A V N
J E T A W E R I G A R D E N M
A E G A C L L P A R I G M E Y
N U R K L J A R G U N U M D G
E S T U C R E O M A N E R A N
H Z B E K E M O R D O L E V E
```

ALLEY	COURT	PITCH
ARENA	DECK	POOL
BOWL	DOME	RANGE
BULL RING	FIELD	SKI JUMP
CAGE	GARDEN	SPEEDWAY
CIRCUIT	GYMNASIUM	STADIUM
COLISEUM	LISTS	TRACK
COURSE	PARK	VELODROME

Breakfast

```
S L E G A B T P O T O F T E A
K P O R A N G E J U I C E G C
C R O I S S A N T S Z Y A O M
X S S L A E R E C P B E R I S
N T N E S E L F F A W N Y L E
W R I O A T M E A L F O P E N
O A F U V H S Z Q L G H F D T
R M F A R J N S A U X F X A T
B Z U T E F A K R I O F X L D
H M M E K U E T N C A L Y A J
S H A M S S B P C O Z M E M P
A W A A M L T Y A A C R G R E
H A G A V F I X P R B A P A D
V E P O A C H E D E G G B M N
S E O T A M O T T O A S T Z M
```

BACON	GRAPEFRUIT	ORANGE JUICE
BAGELS	HAM	POACHED EGG
BEANS	HASH BROWN	POT OF TEA
BREAD	HONEY	SAUSAGES
CEREALS	MARMALADE	TOAST
COFFEE	MUESLI	TOMATOES
CORNFLAKES	MUFFINS	WAFFLES
CROISSANTS	OATMEAL	YOGURT

```
S R E X O B O F P S T E R R E
U I G R O C F J D O A F E W O
Z O O R A I N E N W O L G B U
K L E N T A Y P U A W D U Y M
I P U S E O E Z O I H A L K J
W O A R M K T P H E A G E E I
H M Z A C H E S E V H L I I A
I E S R I H L A L K A U J Z Z
P R E H O L E Z L D I N S T K
P A S G A B D R E E E N I K U
E N N I E E C R Z S R P E F Y
T I K B R O I G A O S T Z S W
D A E O L A Z B G I K P S D E
B N P A P I L L O N R K E E S
Z R E T A W R E T L E B Q B C
```

AIREDALE	ESTRELA	PEKINESE
BASENJI	GAZELLE HOUND	POMERANIAN
BORZOI	HUSKY	POODLE
BOXER	LAEKENOIS	SALUKI
BRIARD	LAIKA	SAMOYED
CORGI	LURCHER	SHIH TZU
DINGO	MASTIFF	SPITZ
ELTERWATER	PAPILLON	WHIPPET

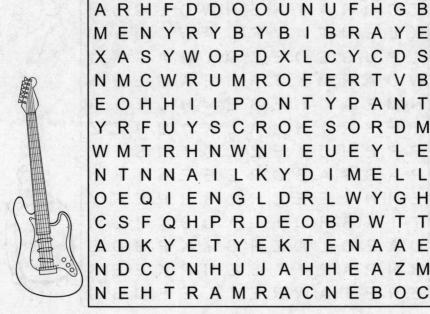

```
L Y D D G A J T W P M W L P L
L D A X L A M P E T E R H Y D
A R H F D D O O U N U F H G B
M E N Y R Y B Y B I B R A Y E
X A S Y W O P D X L C Y C D S
N M C W R U M R O F E R T V B
E O H H I I P O N T Y P A N T
Y R F U Y S C R O E S O R D M
W M T R H N W N I E U E Y L E
N T N N A I L K Y D I M E L L
O E Q I E N G L D R L W Y G H
C S F Q H P R D E O B P W T T
A D K Y E T Y E K T E N A A E
N D C C N H U J A H H E A Z M
N E H T R A M R A C N E B O C
```

BRYNCIR	MAERDY	PONT-Y-PANT
CAERNARFON	METHLEM	POWYS
CARMARTHEN	MORFA	PYLE
CONWY	NEATH	RHYD DDU
CROESOR	NEBO	RHYL
FLINT	NEFYN	RUTHIN
LAMPETER	PENTRE	TENBY
MACHYNLLETH	PLWMP	TREFOR

```
N C B E L L Y B G N I M I A R
O W O B E R A B L S E T H K C
C O E Z D R G Q Q N O T C F R
K R N N B N Z C O H H L B I T
S M A A I S P S S G I D Q F W
H W V R T E U P I C E F I R Z
A A T C G I U S K W D R D D Z
N S A H H O F E O A D M V O R
D I Q E C O R B E J Q E V B A
L K A R E N R E Q R G M X E C
E E H N H E O N L E T X I L S
Y F I H D L V D S L E S O O L
Y L H N T I I R E V I U Q S I
E P U V Y P N I T S T T U B N
W E C O T A G G E R T D E R G
```

AIMING	DRIFT	ROVING
ARCHER	HANDLE	SLING
BARB	HORNS	STRING
BARE BOW	LINE OF SIGHT	TILLER
BELLY	LOOSE	UNDERBOWED
BUTTS	NOCKS	UPSHOT
CLICKER	PILE	VANE
CLOUT	QUIVER	YEW

```
Z A S H U D X S U L I T U A N
T N E N D E A V O U R W C A B
I I P E S C P I N T A P M V E
P V O S A N C H R O A E I T A
R I E I U E W N K M R C B R G
I D R S E A A R I I T H E H L
T O A I H M A R C O P O L O E
C A L Y P S O A R P C A F A C
B R C B Y E N Y O T A M A Y I
E A Z T H Q J A W A I P S V N
P Y T N U O B N C E K K T O A
Y U H E M M Q Z A D M A I S T
C P E A S U D E M R A R S K I
R N T A R R E S T N O M B I T
A R E S A S I R T S E V A G M
```

AMERICAN QUEEN	ENDEAVOUR	ORION
	ESSEX	PAMIR
BEAGLE	MARCO POLO	PINTA
BELFAST	MEDUSA	TIRPITZ
BOUNTY	MISAKA	TITANIC
CAIRO	MONTSERRAT	VESTRIS
CALYPSO	NAUTILUS	VICTORY
CUTTY SARK	ORANJE	YAMATO
DIVINA		

New Dad

```
F T L O V E G K E G A S S A M
W E T W I P E N U U V V C H Z
W E S P D Y Q N O B X T Z G K
G T H Q O E L I M S T S R I F
D H T J D H U L U W N Q G D F
N I R E S E U V E I A X W H U
O N P Q K L I G A M E F T U Y
L G R R L N O S B M V A M J G
I C M A D R A O E I B Z W N G
J G B R N A T L K N R V A Y U
R Y E D S T E T B G O C L R B
W Y O A L L S N Q U I S K O C
R O B E N I G H T L I G H T F
F G W I N D B B E O Y E J S W
G A X D B O X X T R Y B O N D
```

BATH	FOOD	SONG
BIB	GAME	STORY
BLANKET	JOY	SWIMMING
BOND	LOVE	TEETHING
BOTTLE	LULLABY	TOY
BUGGY	MASSAGE	WALK
CRIB	NIGHT-LIGHT	WET WIPE
FIRST SMILE	ONESIE	WIND

```
N E R E A N O D A L O I G W A
O E R I A R E M E T A M A Z A
F Z T H Y N A K R A S W A O G
E S A N T N E C I F E L A M Q
M C M I E R J M G L E E N G I
A O A D S A K U S D R O G O N
K R I H U Y A S Y W R O V I G
A C T O R M E H D F T A I G L
T H B G S L M U A U T V C O O
L K N G H E R R A N L Y I O N
A O H T O M A R A R E C T W G
B M O E G N O L D N A L Y A M
U O S J T Z I U U Y R U K A H
T Z A H P Z R V I C E R A J J
A O B L I Y L F M R O T S N O
```

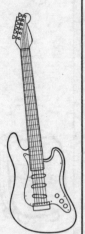

DRACO	MALEFICENT	SMAUG
DROGON	MAYLAND LONG	STORMFLY
DULCY	MUSHU	TEMERAIRE
FARANTH	NIDHOGG	TIAMAT
HAKURYUU	QINGLONG	TOOTHLESS
IGNEEL	RAMOTH	WAWEL
KATLA	SARKANY	ZILANT
LADON	SCORCH	ZOMOK

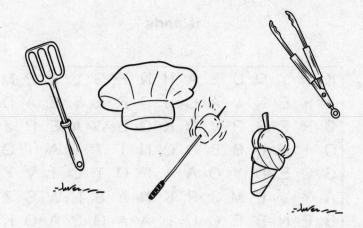

Never is a man more of
a man than when he is
the father of a newborn.

Matthew McConaughey

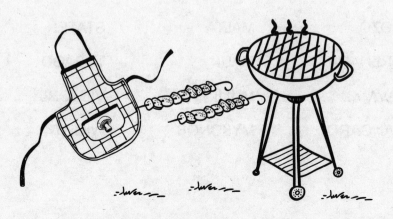

Islands

```
K N Y Q D S A H N F G V C P M
F P E N V A O U C R E T E A D
C R F B P V O K G B W A E R J
O I H U B B D O N I T T A T G
G O E U Y O A I R O T C I V X
A Y V E M S R K N A S N W S Z
B E N B E C U L A A G S A O K
O Z S A B C M A G W B N A N Q
T I N I G U I A D T F J A O T
X S U E U B D V G O Z O J K C
U A N K T A G R E N A D A Y E
M X J H M A T L A M X S V M S
Q L G I S Z T L O H U V A V B
A I N I D R A S W N M L B R V
W N O Z U L S Z Z Y G I L X K
```

ANTIGUA	KOS	RHUM
BENBECULA	LONG	ROBBEN
CRETE	LUZON	SARDINIA
CUBA	MADAGASCAR	SARK
GOZO	MALTA	STATEN
GRENADA	MAUI	TOBAGO
JAVA	MULL	VICTORIA
KANGAROO	MYKONOS	WIGHT

Famous Men

```
N O R Y B O I I I V Y R N E H
X R J U L N T X Y M E L O T P
S M H I E O N N N Y Y I A Q D
F R M S N T I V O Y Y G W L N
H Z K A I W L H E C D R A K E
J R V R N E K O L H T I J E L
R U Q T V N N U O O N V N L S
E E Z R B S A D P R S A M V O
K T N E S L R I A G G W H I N
Z S B R C I F N N A A V M N H
M A R X U Q B I E V M N Y Q H
O P C U S T E R F T B A D D U
S O X C H U R C H I L L B H C
T Y N D A L E Z B U H O D O I
G F L D W G X F T W N K Z M T
```

BYRON	KELVIN	PASTEUR
CHURCHILL	LENIN	PTOLEMY
CUSTER	MANN	REAGAN
DRAKE	MARX	SARTRE
FRANKLIN	NAPOLEON	SHAW
GANDHI	NELSON	TURNER
HENRY VIII	NEWTON	TYNDALE
HOUDINI	OBAMA	VIRGIL

```
X V A J H A Y L I N G H U O E
K I U E N R A F S I D N I L G
C R B S S D A Y A M C E O I L
A A K R I R E G R Y A D R S P
Q Y N V O S E Z K L N P O M G
E O E N E W L M D A V A N O U
W R G L A D N E L Z E R S R E
B K G K H X R S O E Y R A E R
R N R G F N I T E F N A Y Z N
A E P N E Y Y R T A W N O E S
P Y M Y L D I E A P Z I K E E
Z I Y O N T N S S D V F G O Y
E G H U K Q K C K F N S W H W
S T L J H S I O C F C A B F T
S T V N R G P N M R A M S E Y
```

ALDERNEY	HOLY ISLAND	ORONSAY
ANGLESEY	ISLE OF WIGHT	RAMSEY
ARRAN	JURA	SANDA
BROWNSEA	LINDISFARNE	SARK
CANNA	LISMORE	SKOMER
CANVEY	LUNDY	SKYE
GUERNSEY	MERSEA	TIREE
HAYLING	ORKNEY	TRESCO

```
E P E C N A M R O F R E P E S
T S E P E S U C R I C I B H E
I U R I N G S K E L P N R S N
Y N S E G N A R O H A O E E T
T P A R T N E R O M G I A L E
I T C S E A T O S N J T T T R
R E C R J N P A I K L A H T T
E R U E O S T S E S U L T I A
T E R C H U S C D O L U A K I
X L A T E A T N H L Y P K S N
E G C N P S A I I J L I I C E
D G Y C B H I K N A R N N A R
A U S U R O S O T E S A G W U
C J L I U W R E P A I M F E U
H C T A C R S A E M U T S O C
```

ACCURACY	ENTERTAINER	PERFORMANCE
BREATHTAKING	HANDS	PLATES
CATCH	HOOPS	POISE
CIRCUS	JUGGLER	RINGS
CLUBS	MANIPULATION	ROUTINE
CONTROL	ORANGES	SHOW
COSTUME	PARTNER	SKILL
DEXTERITY	PASSING	SKITTLES

```
Y T I S R E V I N U S B U O R
M I A R T C E J O R P L M O U
E L F J T C E J A R P E T I S
D D A A T N A R G R I C O E N
A E C N A H N P R V U T T P Z
C I U I G S E P T R G U N U I
A I L T N U Y O T A T R L O S
T U T O R S A S R A I E U R U
U S Y R C D N G T Y S N B G T
T J L H G I I S E S T U D Y I
C W O A Z P T L O S L F J A R
R O M I U L E N S I Y D Y L E
L E D U Y O S D N E E Y Z P M
S E U A Y M T E X A M I N E E
W E Y O I A S P N E E R A S T
```

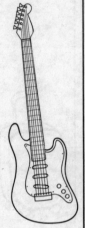

ACADEMY	GRANT	PROJECT
CAPTAIN	INSTRUCTOR	SCHOOL
DEAN	JANITOR	STATUTES
DIPLOMA	LANGUAGES	STUDY
EMERITUS	LECTURE	TESTS
EXAMINEE	LESSON	THEORY
FACULTY	LINES	TUTOR
GAMES	PLAYGROUP	UNIVERSITY

```
T U Y K E E N N E S S J D E U
N K P D E A R N E S T N E S S
E G J Z U F V E H E M E N C E
M J N E Q T M J D N E G D R M
E G U S T O S M U G P E S B S
T H X T M T J C A N D P S E A
I E T O D Y T I D I V A S Y I
C X R M R R E J C L G S E T S
X S H I R S I A U L G S N I U
E P F B F A T V N I Q I R S H
N I R B K I W U E W J O E N T
E R E V O V E R V E Q N G E N
R I N N F Y R T O G I B A T E
G T Z T Q C O M M I T M E N T
Y H Y J L N O I T O V E D I F
```

AVIDITY	ENERGY	PASSION
BIGOTRY	ENTHUSIASM	SPIRIT
COMMITMENT	EXCITEMENT	STUDY
DEDICATION	FIRE	VEHEMENCE
DEVOTION	FRENZY	VERVE
DRIVE	GUSTO	WARMTH
EAGERNESS	INTENSITY	WILLINGNESS
EARNESTNESS	KEENNESS	ZEST

```
C E N C M B R O U X D E L J A
P U T E L O R E S S A C U P L
J E H S T E T A R G B A R E F
R Y M O A T L E I L J E R N O
E M E M O B D L A S A U T E R
R V I C E U C N I T E G A E N
E E O R C F C V S U H O P D O
I C N E E H E R V I O P U A S
T A T D Y P D N Y Z M R F L A
S L H E A J O R N A S M B U E
E D I I E U Z I A O N Z E O S
R E C K L R B N X L B R S R O
O N K O C I U E J N T T O T U
F T E T N I O P G N I K O M S
N E N M J E O U X O U V H U E
```

AL DENTE	CASSEROLE	ROULADE
AL FORNO	COCOTTE	ROUX
AU POIVRE	EN DAUBE	SAUTE
BASTE	FORESTIERE	SEASON
BLANCH	MIREPOIX	SIMMER
BONNE FEMME	MORNAY	SMOKING POINT
BRAISE	PUREE	SOUSE
BROUILLE	REDUCE	THICKEN

```
N B L B W F R N E L S A U X L
U H C A E R P D P Y D D A D S
K O W L N K C G A T F M U S H
A T H C K U O Y P N P C A N G
T S E B W E L D A R C O L O R
B J A K X D A U G H T E R S E
L A L B U T T E R F L Y E S A
W U I M L O G S N O O Q A E T
I D V X G L T O V F L R D L E
N E I L R F E E G S C L Y L S
T B N D A H L A X E U R I V T
E K G Y N Y O E R U N F M N E
R Y A U W T E U N N R T M D G
S W A H Q X M X S K E X L E L
A W Y R O L G C S E R D N E Z
```

BUTTERFLY FLY AWAY

CATS IN THE CRADLE

COLOR HIM FATHER

DADDY LESSONS

DANCE WITH MY FATHER

DAUGHTERS

GLORY

GO GENTLE

HE DIDN'T HAVE TO BE

I LEARNED FROM YOU

I'M ALREADY THERE

I'M HER DADDY

ISN'T SHE LOVELY

MY FATHER'S HOUSE

PAPA DON'T PREACH

PAPA WAS A ROLLING STONE

THE BEST DAY

THE GREATEST MAN I NEVER KNEW

THE LIVING YEARS

WINTER

```
L T Y A W K O R E I R R A H H
E E E H G E R A N O C L T U S
P R N T Y N R S I O W L N S P
V H I I R T I N G U A T A S I
I R A P T O R N H E E Q T Q T
C V I N M N H C T R J U I H F
T E O M T A E S H H K W U Y I
O R G O U O V S A A G N E O R
R F I A D N M R W I D I A D E
I A I A R O E S K E S O L A E
S T V W S I O K R A T S Z N E
P P I V S R M B A J P P O R K
F O X B A T O Z I R Z R H O A
A E E H E L L C A T D E T T W
X A N A T E N R O H A Y F M R
```

CORSAIR	LIGHTNING	STEALTH
DRAKEN	MIRAGE	STUKA
DRONE	NIGHTHAWK	THUNDERBOLT
FOXBAT	OSPREY	TORNADO
HARRIER	PHANTOM	VAMPIRE
HELLCAT	RAPTOR	VICTOR
HORNET	SENTINEL	VIXEN
HUNTER	SPITFIRE	VOODOO

```
B Y S T R O O C A B E P T C B
L F A N O H Q L S A V I U A I
D E R D T E U C L M E K O M R
B M T Y Y B D S B E Z C H E D
A U M O W A L N S E H A S L M
C I X L H I P E A V E T J U O
M R I I M S I M E R X T O P U
A E L K R I W Q A Z G A N E S
N T T P M T U W I Z T L Z N E
C S A I Y G N K R L C H E E T
A Y O B X I S A V W L I A S R
L M L R O I T O T O P O L Y A
A T S U R O D A R A G E T V P
C H E S S Y E S S A B A O A Q
T I N T E L I M E R A U Q S P
```

ATTACK!	MYSTERIUM	SHOUT!
CAMEL UP	MYTH	SORRY!
CHESS	OTHELLO	SQUARE MILE
DIXIT	PATOLLI	TABOO
EL GRANDE	PAY DAY	TANTRIX
HOTEL	QWIRKLE	TOTOPOLY
MANCALA	RISK	TSURO
MOUSETRAP	SAPIENS	YAHTZEE

The Mr Men

```
A W Y J N R O B B U T S C S D
S W D P J O N O I S Y L L D I
P R R S M D S C O U L O U I Z
A O E G H U N X T A W B M A Z
M N I A R B R E T T A C S Z E
E G P A Y E M G P S Z Z Y Y L
N P O N W Y E E Y U V G A O A
Y S S E N T J D L S T W O N P
B W H N F R E A Y K U C I O B
R U U B G U O I Y Y C B N M D
E F R L U D U R U S W I T U E
V E Z A U E R H W Q S A T D V
E N U Z M O C L E V S E S E Y
L A G Y W O N S M E A N M A C
C G O U D G Y Z Z I D Y T E K
```

BUSY	GRUMPY	SCATTERBRAIN
CLEVER	HAPPY	SLOW
CLUMSY	LAZY	SNOW
COOL	MEAN	STUBBORN
DIZZY	MESSY	TALL
FUNNY	NOISY	TICKLE
GOOD	QUIET	WORRY
GREEDY	RUDE	WRONG

```
B I O D I E S E L Q R L X F C
X D J Z J K L L E C R A L O S
F E Y C A R B O N T A X K D A
G A C B O I L P R I C E E E X
N N H I O U R A N I U M G D L
I M O M A Q W M I Z A A P O E
R F A I P T M F Q N R I H Z U
P S I B T C L X D O F O S B F
S Y N H U A O O T L S M A D O
T B D E K T I S V A I B D R I
O I U A O S A V G O M A S I B
H O S T W L O N A H T E R T L
U G T I B A T T E R Y O T F G
S A R N H Y D R O G E N H E H
L S Y G O A G E N A P O R P R
```

AVIATION	DAMS	METER
BATTERY	DEMAND	OIL PRICE
BIODIESEL	ETHANOL	PHOTOVOLTAIC
BIOFUEL	GASOHOL	PROPANE
BIOGAS	HEATING	RAIL
BIOMASS	HOT SPRING	SOLAR CELL
BUTANE	HYDROGEN	STORAGE
CARBON TAX	INDUSTRY	URANIUM

James Bond

```
E S H V I L L A I N S E N E X
P A F T M O L A K H C S I R G
Y E D R O I R A D N I B O G U
R A J O A S L A S T E R A S P
L E J A N N O R E P M A T S T
E T N I C W Z L M A F M D P A
R E T T V K R S I T T A R K M
R R T M R W W W A T P F A F R
A B I R R O P A Z N A A N F W
U I B O Q A M L D L C I E B H
Q U B S U M A R C E V H R O I
F A E A A R E O D E E H E E T
G A T T G E G W D E U H P Z E
F D N O N A H K L A M A K S L
L L A B R E D N U H T E I H A
```

DARIO	JACK WADE	RENARD
DR MORTNER	KAMAL KHAN	SOLITAIRE
FALCO	KRATT	STAMPER
FRANZ SANCHEZ	LARGO	TEBBITT
GABOR	MR OSATO	TEE HEE
GOBINDA	MR WHITE	THUNDERBALL
GRISCHKA	NAOMI	VIJAY
GUPTA	QUARREL	VILLAINS

```
C O N D I M E N T S E T X K S
T G V J L F H K P W L L L L R
A H L P L A C E M A T A W Z E
B P S A E Y D T Q T T S O E W
L U U I Z P G L Z E O Y B T O
E H V O D Y P W E R B X P A L
C C I H S G S E M J E T U L F
L T N A K B N U R U N U O P N
O E E Q R K J I S G I R S R A
T K G E O E N V V A W E Q E P
H R A S F P K I E R N E O N K
N D R A T S U M V F A N M N I
S T E A K K N I F E Y C C I N
C J N O O P S T R E S S E D T
R G U K T A O B Y V A R G W W
```

BREAD	KETCHUP	SALT
CARVING DISH	KNIVES	SOUP BOWL
CONDIMENTS	LADLE	STEAK KNIFE
DESSERT SPOON	LAZY SUSAN	TABLECLOTH
DINNER PLATE	MUSTARD	TUREEN
FLOWERS	NAPKIN	VINEGAR
FORKS	PEPPER	WATER JUG
GRAVY BOAT	PLACE MAT	WINE BOTTLE

```
L O B I R I B A N D Y P X P P
U M Y S L E W Q N Z T X O I N
A C O Q S O C C E R Y T T L L
C M I N I T E N L E K C O H O
H R A V J W H U X H H F L O G
P I O L B I L L I A R D S P Q
E U S Q U A S H N X G Q J L T
L O O P U P A D D L E B A L L
O G N I R E P L E U H C Z G A
T B N U H U T P Q Q T R B N V
A F G X T P I N G P O N G I D
G B I T E X A X U P B O W L S
Y N U V Y T N I H S Q R G R K
B O U L E S W Y C Y E U R U D
X G U P E S S O R C A L D H L
```

BANDY	HURLING	POLO
BILLIARDS	LACROSSE	POOL
BIRIBOL	MINITEN	RINGO
BOULES	PADDLE BALL	RUGBY
BOWLS	PELOTA	SHINTY
CROQUET	PETANQUE	SOCCER
FIVES	PING-PONG	SQUASH
GOLF	PITCH AND PUTT	ULAMA

You can tell what was the
best year of your father's
life, because they seem
to freeze that clothing
style and ride it out.

Jerry Seinfeld

```
M U H C R O N Y F K O O Y X C
T L N O I P M A H C G Q D Y O
W S H O B X M B J F I P L G H
O O I J G I E P D E M L P L O
W C O L L E A G U E A M S O R
C Q S I A R R D S U H K K V T
O Z A S T Y B E V S I S T E R
M R C N C H O E T O B N S R P
R E E P M O C L D L C U G I D
A R B R O T H E R F A A D U J
D N E I R F N E P G E G T D X
E A S S O C I A T E E L U E Y
P L A Y M A T E U F R X L D O
W C H L X S I D E K I C K O C
E C N A T N I A U Q C A E D W
```

ACQUAiNTANCE	BUDDY	FAMILIAR
ADVOCATE	CHAMPION	LOVER
ALLY	CHUM	LOYALIST
ALTER EGO	COHORT	PARTNER
AMIGO	COLLEAGUE	PEN FRIEND
ASSOCIATE	COMPEER	PLAYMATE
BEDFELLOW	COMRADE	SIDEKICK
BROTHER	CRONY	SISTER

```
G N I N E D R A G D K G D G W
T S W I M M I N G C Q N A N A
H G S G G N L G O P K I N I S
G N E F N N N L Z L A M C K K
I I L B X I I F A H R A I O C
N K Z G F S I G I B I G N O A
E A Z R N W O K N S T K G C B
I B U P E I C S S I H O I W Y
V S P G T Y K O I T S I O N G
O M E Y C V C L B N R R N F G
M R P L Z D K G A T N D M G I
G N I L W O B B O W W E N K P
B N A F V G N I Y L F E T I K
G G N I T F A R C V F N D V I
R O A D T R I P L A Y T I M E
```

BAKING	GAMING	PUZZLES
BOWLING	GARDENING	ROAD TRIP
COOKING	GOLF	SINGING
CRAFTING	HIKING	SKIING
CYCLING	KITE FLYING	SURFING
DANCING	MOVIE NIGHT	SWIMMING
FISHING	PIGGY-BACKS	TENNIS
FOOTBALL	PLAYTIME	WALKING

```
K E N I M A J N E B L Y O O D
N H K W S J M A A I A Y B J I
I B P E S R D L S A E E I C S
R K B L A T R A E C E M N L C
F B E B M R R A K S B Y O E O
R V T N E P N O L O H N S T S
O U E M T M I E H P N N L U T
S H O T M B T K Y S H E E S U
S H G M R J R M O M Y L N A H
E P S M Y U A O A L I M X B I
F I R P S E M R C G A N T R B
O Y T T A P S L L K G K B A B
R D Y I S N R U B R M I V H E
P Z I Q E I L L I W C A E A R
V O S R E H T I M S S Y N M T
```

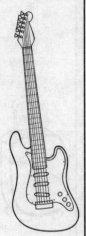

ABRAHAM	KEARNEY	NELSON
BENJAMIN	KENT BROCKMAN	PATTY
CLETUS	KRUSTY	PROFESSOR FRINK
DISCO STU	LENNY	RALPH
EAT MY SHORTS!	LISA	SELMA
HIBBERT	MAGGIE	SEYMOUR
HOMER	MARTIN	SMITHERS
JIMBO	MR BURNS	WILLIE

```
I W Z D D P O T G I B H W Z F
T N I A P E S A E R G Y P C Q
R O G K T S O M E R S A U L T
E N F N C E A Q S S X H V O S
T N O E J E K W T S G O D D R
A A B I R T R C L V M A I R J
E C S C S E Z A I O C K S J N
E L E T D N R S T T Z R H P N
R C C N A T E O S O H I C D S
I X O Y G R R T G N I Z A M A
F S S H C C S A F E T Y N E T
E L H G A I E T S F T T P W M
G S Q R N E N K A T A E R T O
Z L P B T F P U F E F U N N Y
S R E L I A R T A S S W Q G K
```

ACTS	GREASE PAINT	STARS
AMAZING	ICE CREAM	STILTS
BIG TOP	KIDS	TENSION
CANNON	MOTOR CAR	TENT
DOGS	RED NOSE	TICKET
FIRE EATER	SAFETY NET	TRAILERS
FUNNY	SEATS	TREAT
GASPS	SOMERSAULT	UNICYCLE

Olympic Sports

```
J R H D F N G R S P J G Z A C
S E M E D D J N O E N U A N C
O M H A P V I P I I L S D G J
F M M O E T R S K V A D S O L
T A G F C O A L C I I W R L T
B H P L W K A T L U I D A U O
A S E I L W E I H M S B P L H
L N N V E A N Y M L Y T O F K
L G T C E G B I C E O P P E B
A V A Y O N N E L H R N H N O
B R T C E G T L S E C V A C X
T P H L B Z O I T A V N R I I
O P L I C V T A N Q B A Y N N
O E O N E X W J L G J B J G G
F B N G Y A Q A R C H E R Y A
```

ARCHERY	FOOTBALL	RACE-WALKING
BASEBALL	HAMMER	ROWING
BOXING	HEPTATHLON	SAILING
CYCLING	HOCKEY	SHOT PUT
DISCUS	HURDLES	SOFTBALL
DIVING	JAVELIN	SWIMMING
EVENTING	JUDO	VOLLEYBALL
FENCING	PENTATHLON	WATER POLO

```
O G N O C W S R E R O L P X E
Q W M P D L A E I D Q U P U G
I T I H A T I Q Y W A F K U A
W K N D N A L S I R E T S A E
C M A M C I O U N I J I J U X
O P H A A I R A C I R F A S A
M Z N C M A S R A B D M N T S
M O P I E W N S S J A N T R U
E Y S A L A E R R Z I U A A P
R S E M T H W B O L O S R L P
C P V A Z R W N I E N C C I L
E I I J V N O T R A D E T A I
T C T G I Z R N R Q R I I A E
E E A U B K L I A D A G C Y S
D S N H Q G D I W H W Q A Z P
```

AFRICA	EASTER ISLAND	PATRON
AMAZON	EXPLORERS	SAILORS
ANTARCTICA	HAITI	SPICES
AUSTRALIA	HAWAII	SUPPLIES
CAMEL	INCAS	TAHITI
CANOE	JAMAICA	TRADE
COMMERCE	NATIVES	UJIJI
CONGO	NEW WORLD	WARRIOR

```
T C A R T N O C Z E R T N J N
Z R N P O I N T S V Z H D I E
E F L X Z O R O Y A L G B F E
T E U Q I P A T R N G I R L U
S K A T E Y T T I K Y E I S Q
T X C L Y F W V X U O A D N R
R U E A X R L E C V I P G S W
A W H I J Y K C U L N U E M W
T N I R Y K M C D I S C A R D
E J G P I M C E O L C P R Y G
G K H B Y C M A L T S U I N V
Y E Y R L O L U L D S U I H P
U I I U Q U S D R B I K I Y C
F R B Y Z S F X R G J N Z T T
G S K T B G W F R A Z X G G S
```

ACE HIGH	DISCARD	PRIAL
AUCTION	EIGHT	QUEEN
BLACKJACK	KING	ROYAL
BLUFF	KITTY	RUMMY
BRIDGE	KNAVE	STOCK
CHIPS	MELDING	STRATEGY
CLUBS	PIQUET	SUITS
CONTRACT	POINTS	UNLUCKY

```
P E R F O R M E R E L B M U T
Z H U R O R E T A B O R C A N
P V M T E R E M Y C L O W E J
R L C O M E D I A N N O N G K
U A A Q Q F T P Q T U N A O N
E D I T N M I E O U N R I O I
T B N W E A I R P R A O C T F
N R O A N S T N E P D Y I S E
O L E I B I P L D E U K S L T
C B S T O N G I A R A P U G H
A T S N S G A Z N L E T M N R
R M I A U E C M C N A A E C O
D S J J J R J I E Z E G D R W
T R E K S U B B R N K R A E E
T A P D T S I L A C O V Y P R
```

ACROBAT

ACTOR

BUSKER

CLOWN

COMEDIAN

CONTORTIONIST

DANCER

FIRE-EATER

JESTER

JUGGLER

KNIFE-THROWER

LION-TAMER

MIND READER

MUSICIAN

ONE-MAN BAND

PERFORMER

PIANIST

PLATE SPINNER

PUPPETEER

RACONTEUR

SINGER

STOOGE

TUMBLER

VOCALIST

```
E A L H D L C G D M K B U B H
E E L C A R O L I G U L D I P
S B E X T R A C S S E R P J A
T L O R P R P D P L S S O Y R
E S J L E S R E N E N B E F G
D H D H G W C S N A S I T L E
R O C T X T O T K E T P T T L
O P L T A S I R R G L S T O E
C P J T E N P V K A M E N L T
E E O S E K E U N E Z A Q V S
R R U L T R S E R A R P O E S
A Y O E P S T C G R Z I M E F
J I M P R B U G L E C I F R A
I N Q U I R E R S E T R O P S
S S E R Y W U R E I R U O C Y
```

BUGLE	MERCURY	SKETCH
COURIER	OBSERVER	SPECTATOR
EXTRA	ORACLE	SPORT
FORUM	PLANET	STANDARD
GAZETTE	PRESS	TELEGRAPH
GLOBE	RECORD	TIMES
HERALD	SENTINEL	VOICE
INQUIRER	SHOPPER	WORKER

```
F S R E C I U J H F A P T N K
B E A L E C P Y I R M B I U A
O R W L O K J R E A E R N G Y
I I V N C M E P L Z A U U Y N
L S R O K L V A P O Y S I A H
E T L O I S I C F R P W F R A
R C B Z N D H G B E I R I P L
N R T A G X A E H L O N H S N
R E F R I G E R A T O R T R O
E T R E S A P E C T S G E E E
K U R E W O M A J E E G O D R
O P F R Y E R E S K R R Y N I
O M I W U T M R F A L E P E T
C O E A X A S U H V D R I L L
E C R E T T U C E G D E H B A
```

BLENDER	FIRE	LAMP
BOILER	FRYER	LIGHTS
CHARGER	HEATER	MOWER
CLOCK	HEDGE CUTTER	PRINTER
COMPUTER	HI-FI UNIT	RADIO
COOKER	IRON	RAZOR
DRILL	JUICER	REFRIGERATOR
EXTRACTOR FAN	KETTLE	SPRAY GUN

```
S T C E J O R P H S H S F L Q
E P M G R A N D A O E R S E E
C R R N R S O F B N E R M V L
N G I I I B E B I E A R O A Y
A A Y R D T I O T T S T D R T
T A C U Y E R I S P E R S T S
S C O O S S M P I G S A I E E
I H M T P E I H D E S E W S F
S A P L E I S U R E S U L N I
S N A J I D B V S I B R H O L
A G N P N B I E W Y E H T I I
L E Y E E C R S O C I A L S S
A R I N E Y I A A E E L A N O
P R A S S E R L R S A T E E M
F C M O B I L I T Y R M H P E
```

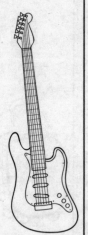

ASSISTANCE	HOBBIES	RECALL
BUDGET	LEISURE	SAFETY
CHANGE	LIBRARY	SENIORS
COMPANY	LIFESTYLE	SERVICES
FREE TIME	MOBILITY	SOCIAL
FRIENDSHIPS	PENSION	TOURING
HABITS	PRIDE	TRAVEL
HEALTH	PROJECTS	WISDOM

```
S R A M D N S N G K U H X Z M
U T O K C U Y W Z T B D I R A
C M R S I D N R E V A E S L V
E C E M E Z U P H R R N F K L
X R L M Y V J R H O D R N U S
G E L A U A B W L Y D N N E B
R H E J M R S Y O E Q J A V R
I C G Q A P A N N L Z B B G I
F L K D K T E A N O S N A W S
F E Y E R Y R T T H S N Z R S
I B H J A C Y F T U C P I B S
N I A I T T Y T Q M O F M W F
O L U N S P O J W M H H H I L
S B W V K R A N I E E L Y K S
E T I H W S D Y F L N Z A J N
```

FRED <u>ANDREWS</u>

PHILIP <u>BANKS</u>

BOB <u>BELCHER</u>

MIKE <u>BRADY</u>

JED <u>CLAMPETT</u>

SANDY <u>COHEN</u>

MARTIN <u>CRANE</u>

PHIL <u>DUNPHY</u>

JACK <u>GELLER</u>

PETER <u>GRIFFIN</u>

WILLIAM <u>HILL</u>

BURT <u>HUMMEL</u>

STEVEN <u>KEATON</u>

MICHAEL <u>KYLE</u>

KEITH <u>MARS</u>

CYRUS <u>ROSE</u>

JASON <u>SEAVER</u>

HOMER <u>SIMPSON</u>

NED <u>STARK</u>

RON <u>SWANSON</u>

DANNY <u>TANNER</u>

ERIC <u>TAYLOR</u>

WALTER <u>WHITE</u>

CARL <u>WINSLOW</u>

```
X B Q D O C B Y Y T G M A L A
B N D D C S T E I N B E C K F
L E A S O R R L T T E N N E B
N B J H V O T Y Q C E R O O M
B O A O C T T O C S A W N L L
S E T A Y U E D H E V O H E E
S S B L Z C B N N S H F T J Q
L L E W E S E A B C R R T J Y
K F W J F N L N T A A A N Q L
S R P A S L M O N M A E M P L
R W A A I M G C D D E S H V E
E O I P H C I H N U T C W B W
Y O S F S S D O A D A M S B R
A L M N T K Q M Q W L E T W O
S F M C O R N W E L L Z L H T
```

ADAMS	JOYCE	SCOTT
BENNETT	LEASOR	SEWELL
BUCHAN	MARSH	SPARK
CONAN DOYLE	MARTEL	SPILLANE
COREY	MOORE	STEINBECK
CORNWELL	ONDAATJE	SWIFT
ELTON	ORWELL	WOOLF
FRANCIS	SAYERS	YATES

```
B G A R H E T I F F A N Y S G
K R A P T C E P S O R P Y B H
A Y O C A G I R T B E C E M A
Y C U A A R Y W R M A I A O R
O C E B D R K O N M A P S T L
E R I B V W N A O E E N V S C
L Y E T I X A E V O E S F T H
P S A Z Y R S Y G E H R K N E
P K D W D H T F U I N O G A L
A Y W S B N A Q N M E U S R S
G L A T M U U L N G E H E G E
I I Y E Y U S O L Q I L A Y A
B N N Y L K O O R B H E R L G
R E V I R T S A E G H N Y A L
Z R E V I R N O S D U H U F H
```

BIG APPLE	GRANT'S TOMB	QUEENS
BROADWAY	GREENWICH	SAKS
BRONX	GROUND ZERO	SKYLINE
BROOKLYN	HARLEM	SOHO
CARNEGIE HALL	HUDSON RIVER	SUBWAY
CHELSEA	MACY'S	TIFFANY'S
CITY HALL	PARK AVENUE	TRIBECA
EAST RIVER	PROSPECT PARK	UN HQ

```
U O S M T W A M R A R E K R J
H B M U E S A K A M E D E P A
S T K T B G E N D R E K G O K
D R E S H E P H R K H O N S U
U O P R K A Z I R P E H K T A
Q T E P E T E H T E B E N I N
O I O T N W A S O A N A T H U
S M W Y E T A K S E W P M E B
R H C K H F B T F A S A E M I
I O O O J U E E K C A R O T S
R T R S C T R N N H N U M A D
I E H H I T M L E N C A U H P
S P I Y U R L S D T U O N O G
E S I M X L I S U R O H H H I
F T E M H K E S P T E H K A P
```

ANUBIS	IMHOTEP	OSIRIS
APEDEMAK	KHEPRI	PAKHET
BASTET	KHNUM	QUDSHU
BENNU	KHONSU	RENPET
BUCHIS	MAAHES	RESHEPH
HATHOR	NEBETHETEPET	SEKHMET
HATMEHIT	NEFERTUM	TAWERET
HORUS	NEKHBET	TEFENET

The bond that links your true family is not one of blood, but of respect and joy in each other's life.

Richard Bach

```
E L J G E C D S M E Y D J E Z
P N I O R G W S A P Q O I P D
S I T U P S I I E W Z N C R J
T H L L U T N L R Y N J E X V
E U O D D S R B B E I T N O P
I N S I B S E L L E T B A C P
N E A R S A T G E U R F M Y N
O M A J F T S O M W D T F Z I
H I C I A O R H K G M T F A E
N J A J C R S A K O A K A W T
G I S V K M A L K E W B R L S
I P A H O L C K E H N S G J N
W L L E W K C U T L L A K Y R
Y K S I A M P R E V I N Z I E
W L K W I L L I A M S G B Y B
```

ASHKENAZY	GILBERT	MUTTER
BERNSTEIN	GILELS	OISTRAKH
BLISS	GLENNIE	PREVIN
BRAIN	GOULD	SOLTI
BREAM	GRAFFMAN	STERN
CASALS	KARAJAN	STOKOWSKI
DU PRE	MAISKY	TUCKWELL
EPSTEIN	MENUHIN	WILLIAMS

```
D F T C R X M U D V A G Y U M
Q E S T I B N U N G R T H T C
G X E W P O P U P E I T W B A
U E U H O D E R H L M U Y D B
L C G D A R F X I L U S E R L
U U O T G T L B O P M V S A E
Y T E N O H A D I M H R R O M
K A L E T I P W W R O E D B B
B B U H L R T J Y I H V D Y N
H L X E V G O C S P D R T E S
P E R P A B P L I P C E P K F
F T E N J A M R W Y S S W R Y
M R O E D N E S Y S T E M E Q
L W C I U P N B G N O G O L B
Q T N O I T A C O L L A I O N
```

ALLOCATION   KEYBOARD   RELIABILITY

BITS   LAPTOP   SERVER

BYTES   LOG ON   SYSTEM

CABLE   MENU   TWIP

CONTROL   OBJECT   UPDATE

EXECUTABLE   PERIPHERAL   USER

GUEST   PERL   WORLD WIDE WEB

HTML   POP-UP

WYSIWYG

The Environment

```
C N G S R E I C A L G Y N M Y
E I N T S O P M O C T U R C A
O A I P J C H E M I C A L S D
U R T R E C Y C L E F N E S H
P D H E H B H A L D I L I E T
R I G O U G U H N A N W D W R
E C I V T Q E I H I R A H A A
T A L F R M W C N C S U F G E
A W R I N E D O I F M M T E W
W B A M B O O N C V O N O A A
N B L F O O A Y E T H R C G N
A T O F L G B I O S P H E R E
E E S M R O S S A M O I B S P
L A N O P R O T E C T I O N T
C L I M A T E D I M A N U S T
```

ACID RAIN	COMPOST	ORGANIC
AIR QUALITY	EARTH DAY	PROTECTION
BAMBOO	EL NINO	RECYCLE
BIOMASS	FLOOD	SEWAGE
BIOSPHERE	FOOD CHAIN	SMOG
CHEMICALS	FOREST	SOLAR LIGHTING
CLEAN WATER	GLACIERS	TSUNAMI
CLIMATE	NATURAL	WIND FARM

```
X S R U B I L A C X E N P J N
J Q I G X S R M H A V I E G O
E F J R E B O O T A X M L D L
L M M E K Q X R E K L U L E A
B N D H E A I G C I Q E E G V
A I G T C S Y A O E S Q A O A
T L A U T K T N G A R G S R R
D R L R Q T E L F S U Y T E L
N E A C O L U E Z I J D E A R
U M H L C C R F N R H I N H U
O V A T A V G E X O A C O E H
R H D N T S V Y A B E G G C T
S N G A R E T H T L Y M A T R
I L Y M R J E X O N K D D O A
B D H E L T S T H X X U P R R
```

ARTHUR	GUINEVERE	PELLEAS
AVALON	HECTOR	ROUND TABLE
BORIS	LANCELOT	SAFER
DAGONET	LIONEL	SHALOTT
DEGORE	LUCAN	SIR KAY
EXCALIBUR	MERLIN	SORCERY
GALAHAD	MORGAN LE FEY	TRISTRAM
GARETH	NIMUE	UTHER

```
E H U S B A T A N M E H E R O
I T B R E A N E A E S A N I C
R A O A H N A A H O U S T Y R
S E E E E A R R P A O N E A R
L D I P O E G Z R P P A G S C
P R H C C L I S O N S D B O S
S E Y O T O M I E A B M A C T
W A R Y V Z M B S Y O T S A R
E D A E E I I T R T O E A R A
S S R L M R L O I F T V U C H
A I B S T A T L A T M I D H C
B I I I D S N R A A L U A I T
B L L B I E M R P G H E T V A
L O O H C S E S U K E K E E H
O E C R O V I D E S T G S S E
```

ARCHIVES	HEIRS	SCHOOL
BIBLE	HISTORY	SONS
CHARTS	IMMIGRANT	SPOUSE
COAT OF ARMS	LIBRARY	SURNAME
DATES	MAPS	TITLE
DEATH	NEPHEW	TOMBS
DEEDS	ORPHAN	TRIBE
DIVORCE	RECORDS	VILLAGE

```
U E I Q V X N I R E H T Y L S
A F L D F I M E N O T S F I P
X H X M Z U O W I Z A R D S Y
S B R H G N I L B O G N R A Y
B V N G I Q S T E R C E S B X
R Y L L W K E D S T T K B Y D
O E K I D O A P E T T O D I V
O L Z Y E B M E O R D A R A M
M D B N H O R P B E R G U O O
S A I D E G Y K M K A I O L U
T R O U S R X J A H C N C I H
I B H K R O I R L V D U N K O
C T N A B D T F G E E Z B L K
K O H B E S I H W P X R M O E
T P S T M U N G O S A M Y A Y
```

AVERY	DOBBY	MUGGLE
BASIL	FIRENZE	SECRETS
BOGROD	GOBLIN	SLYTHERIN
BRADLEY	HAGRID	ST MUNGO'S
BROOMSTICK	HARRY POTTER	STONE
BUCKBEAK	HEDWIG	TONKS
DARK ARTS	HOKEY	VIOLETTA
DERRICK	MOONDEW	WIZARD

In Dad's Toolbox

```
Y L S C R A P E R D U M K U I
H W L V L L E S I H C S O C S
M C U I P D K D S P A N N E R
S A R W R E N C H M C L A M P
H T U O T D Y T E O M E N U R
S P R C T T T C C P L N R Z Y
O L C I V D A E L K C A P S X
C I X X N F A O U G G G V R H
K E Z Q K G W E V L K N I F E
E R I R E M M A H U U F Y S U
T S K O O H V N S E P V P C S
S U S C H C N E B V M Q L R I
E B X R N A I L S Q I V U E S
T A P E M E A S U R E C G W T
E P A T G N I K S A M J E S V
```

BENCH	HOOKS	SCREWS
CHISEL	KNIFE	SOCKET SET
CLAMP	MASKING TAPE	SPACKLE
DRILL	NAILS	SPANNER
FACE MASK	PLIERS	STRING
GLUE	PLUG	TAPE MEASURE
HAMMER	SAW	VICE
HEAD TORCH	SCRAPER	WRENCH

```
T A P A E X C E L L E N T U S
R R S E C E C O M P L E T E H
V P E S A C C U R A T E L U G
F S R P E R O D E R R A M N U
F A E E X L S M K T E Q A H O
S A I C C E W K P D Z C S S R
S U U T D I A A I L A H T P O
E T L L H S S E L N I S D O H
L T Y T T F L E B F T S E T T
H E U M I L U R I E S E H L D
C G B L A M E L E S S L S E O
T A A H O P A S H E E R I S D
A T F Y U S U T S U F E L S L
M E W S S M B K E M U E O C T
H I M P E C C A B L E P P S A
```

ABSOLUTE	FAITHFUL	PRECISE
ACCOMPLISHED	FAULTLESS	SHEER
ACCURATE	FLAWLESS	SINLESS
BLAMELESS	IDEAL	SPOTLESS
COMPLETE	IMPECCABLE	SUPERB
CORRECT	MATCHLESS	THOROUGH
EXCELLENT	PEERLESS	ULTIMATE
EXPERT	POLISHED	UNMARRED

```
A T S U G A D M P E D E W A H
R F O R E S P U D A U P H I N
E S O C L E B K L B A E K C M
G I E C O K Z O C A T V O E E
I K H W K M U H E K U V O H H
T O U E K E B K B I A A N C C
M R G S T I W A S H N M I A N
A S H T E A R U T N B G H P A
N K E L H N G O L S C B C A M
G Y S A R N B A Q F C O U P O
U K E N E S I A Z U M O B K C
S S B D A H M L A E O Y U R M
T S E A K I N G R U L I L T A
A M E M L E I S C E M L S E T
A O E N A R C Y K S M D E C E
```

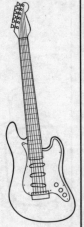

AGUSTA	COMBAT SCOUT	MANGUSTA
ALOUETTE	DAUPHIN	MERLIN
APACHE	FOCKE-WULF	SEA KING
ASBOTH	GAZELLE	SEAHAWK
BOEING	HAVOC	SIKORSKY
CHINOOK	HOKUM	SKYCRANE
COBRA	HUGHES	TIGER
COMANCHE	IROQUOIS	WESTLAND

```
H C A R E Y Y N T I S J Y M R
I E P D Y D A C R S J B M E L
P I H I E W A K C Y W C M L E
Q F K S E T O A S E U I V W T
Q V A C T R L Q N C D D F S N
S I M O H A R K E R O I Q T A
Q I N V V I X E O Y R T Z O M
F O M B N S M G L D A O T R Y
L K A A L H B E C H P D Q E N
B H O L L I N G H U R S T Y A
J N H B N G V A E M L U H G I
Y I C Y M U P E D Q S F M J P
Q O F A T R G X L I R Z S V A
G Q R T O O X I M Y G D L E U
K O B T R R E K R A B A N V L
```

ADIGA	GORDIMER	NAIPAUL
AMIS	HOLLINGHURST	NEWBY
BARKER	HULME	OKRI
BYATT	ISHIGURO	PIERRE
CAREY	JHABVALA	ROY
CATTON	LIVELY	SCOTT
DESAI	MANTEL	STOREY
DOYLE	MCEWAN	SWIFT

```
E B O R B L E T R Y S O M E M
R C O M P U T E R L R I A H C
A P E Y M R L A I O S A U A S
S K U S P P E C U C M E I K N
E T A R A R N G A I Y A S D I
R L E T C E I N A R G E P N S
E T S E P H N N E N D C V R U
M L E R H E A N T R A O S R P
N R J V R S O S A E I M G E E
C L E R K I K O E C R C N I R
I D J L T X B R E O E I I P V
T E A A U Y E S O P R I T O I
L E T T E R S O V W H D E C S
E S P K C E N O H P E L E T O
R S P I L C R E P A P U M R R
```

CHAIR

CLERK

COMPUTER

COPIER

DESKS

DIARY

ERASER

INVOICES

KEYBOARD

LETTERS

MANAGER

MEETINGS

MEMOS

PAPERCLIPS

PENCILS

PRINTER

PURCHASE
ORDER

RULER

SCANNER

STAPLER

STATIONERY

SUPERVISOR

TELEPHONE

WORKSHEETS

```
F W Z B S B N C T H E B E A R
T N O M G E E L N C H Q W U U
D I C E L M I A M A D E U S N
A R M S A N D T H E M A N U E
P L X G A S L R I G P O T N S
T R D F G L Y H A M L E T E C
G N O M R Q O A H R E O K L A
E Y T O M O I M L I E R P E P
C J P N F R G W E P M H T H E
A N G S N G U S A E E R T X O
M Y O T Y J L I D D D E E U E
E F U E I E V E R N U V R P L
L E O R E L A E M J E X M H K
O N E M Y R G N A E V L E W T
T G D S F D I R J O W F L F M
```

AMADEUS	FROGS	PHEDRE
ARMS AND THE MAN	GYPSY	PROOF
CAMELOT	HAMLET	SALOME
EGMONT	HELEN	SYLVIA
ENDGAME	LE CID	THE BEAR
EQUUS	LUTHER	THREE PLAYS
ESCAPE	MEDEA	TOP GIRLS
EXTREMITIES	MONSTER	TWELVE ANGRY MEN

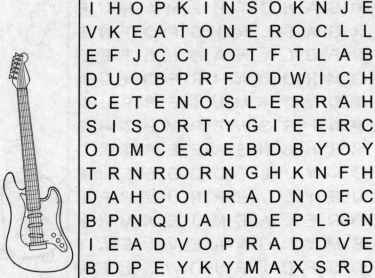

```
B A E N Z Y N N Y L F K O W S
O B U F T E E A Q U I A D E R
T E H C A P E N M Y E R S Z U
I H O P K I N S O K N J E F S
V K E A T O N E R O C L L S T
E F J C C I O T F T L A B E I
D U O B P R F O D W I C H V N
C E T E N O S L E R R A H E O
S I S O R T Y G I E E R C E V
O D M C E Q E B D B Y O Y R D
T R N R O R N G H K N F H S R
D A H C O I R A D N O F C N I
B P N Q U A I D E P L G N B V
I E A D V O P R A D D V E F E
B D P E Y K Y M A X S R D R R
```

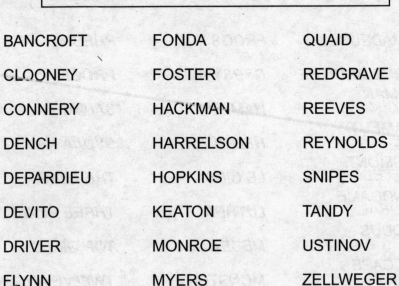

BANCROFT	FONDA	QUAID
CLOONEY	FOSTER	REDGRAVE
CONNERY	HACKMAN	REEVES
DENCH	HARRELSON	REYNOLDS
DEPARDIEU	HOPKINS	SNIPES
DEVITO	KEATON	TANDY
DRIVER	MONROE	USTINOV
FLYNN	MYERS	ZELLWEGER

```
D H E E O G A S S L H L O K T
P X A M A R I N A U A B R Z M
L G T L P V O S N U N R S O M
X I A C V R T C R E T E O D A
N X Y A W O I O M Q H M V C D
Y S O A R S R V E K M E A O N
L C Y R M A B R I T A N I S E
E A N O I T A R B E L E C T S
U C R E N A A L K J R N N A N
R I E T R G N A U I O A Z R I
O T T O S R Z A D I I M L F R
P U J I E U V V R Y A M A L P
A A R Q A T A O X Y K N C Y H
D N I W R E V L I S P E C E H
W R X V R E G A T T A B F R M
```

ASTOR	HENNA	PRINSENDAM
AURORA	L'AUSTRAL	REGATTA
BREMEN	MARINA	RIVIERA
BRITANIS	NAUTICA	SILVER WIND
CELEBRATION	NORWAY	STAR FLYER
CORAL	ORIANA	VAAL
EUROPA	ORION	VENUS
GALAXY	ORSOVA	YAMAL

```
N G I N I S P E N I L M R O F
N N E L B R F P T I S E A S E
A A T H W E M F X A D K E H D
S V U U S N E I O N C P F S I
S I O L C I H L I R H O I T S
A G R P O A N F I Y E G L E Y
P A O K T R H I S N N S L E R
M T A R A T T I F P E C T R T
O E E U A R C N O N R E X I N
C E S P V A O S O I G A L N U
S H E C L P T N C C E R O G O
S A L C A N N I A T N U O M C
S Y M B O L S S E N T I F A D
I C H A L L E N G E H B E R E
T R A I S R U O T N O C E K H
```

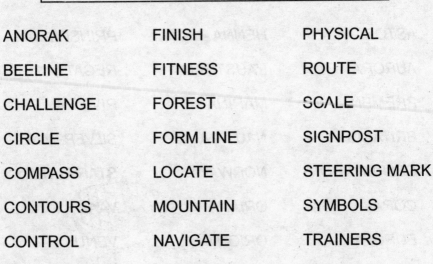

ANORAK	FINISH	PHYSICAL
BEELINE	FITNESS	ROUTE
CHALLENGE	FOREST	SCALE
CIRCLE	FORM LINE	SIGNPOST
COMPASS	LOCATE	STEERING MARK
CONTOURS	MOUNTAIN	SYMBOLS
CONTROL	NAVIGATE	TRAINERS
COUNTRYSIDE	PATHFINDER	TREES

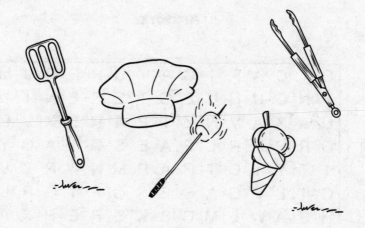

No man stands taller
than when he stoops
to help a child.

Abraham Lincoln

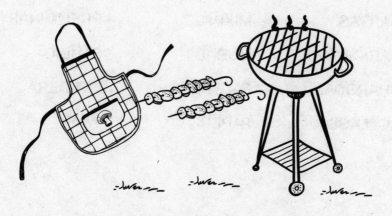

```
S T C A R I C A T U R E P J M
T N C U N U E O T E S E N I L
U A X A V N Z T P A R L X V P
D R P Y R L F A E S O I A O Y
I T Y I Q T P A P M N W R Z V
O I L F G A S E S G P T G R L
H S A W L M C B K B R E P X A
Z T F E O T E L A A C E R J O
H Y T O I R E N I S A V N A C
I T E V M M E T T C E V E E R
E A E N L O E M A C N A X O A
T R Q Y A A B L U W Y E S R H
Y R A N I M I L E R P P P E C
M S I B U C E T O J A W X A L
D V B A T I K L E G A L L O C
```

ABSTRACT	CUBISM	PENCIL
ARTIST	EASEL	PERSPECTIVE
BATIK	ENAMEL	PIGMENT
CAMEO	LINES	PORTRAIT
CANVAS	MIXING	PRELIMINARY
CARICATURE	MURAL	STUDIO
CHARCOAL	PALETTE	TEMPERA
COLLAGE	PAPER	WASH

```
P C S A C F E O A T S R E B E
S E O N V P N L B Y K A R A E
A C A D W S O O F S E E R R H
K L O Z E U H R P L A N S A C
B O S J U M R A E S N U J T L
E I P O A Y U B B I O A S E I
L R L I A O D S T A G E U N M
A E M T N V S E N E A B E R U
U K E L T O E G U O R N M E A
O L R L O V T T U E R A A B R
T R C V U R O N T N A R L A F
I A U C I L C A O O T M B C B
F I U O R N V C J I K P E R E
E S J E D E A E M A R A C O I
S A M R L M H A R Y S F Y P L
```

BAROLO	FITOU	RIOJA
BEAUNE	LIEBFRAUMILCH	ROUGE
BLANC	LOIRE	SEKT
CABERNET	MACON	SOAVE
CLARET	MALBEC	SYRAH
COTES DU RHONE	MEDOC	TARRAGONA
	MERLOT	TAVEL
CUVEE		
	PINOT NOIR	TOKAY
DOURO		

Boats

```
C B A N A R A M A T A C E R S
D R Z M E S Y E C H T I H C M
R A U N I B R A Y E M P Y C A
O E K I R N R S R R O T A C C
S Y L E S S E V E O R N E O K
K A Y A K E A S L U O E A R T
B E M E F V R S W E M R F A E
Z P T Y S O G R A E U R O C Y
H C N U A L G C R O E B G L N
H S K I F F S I T G E P A E A
D I F O S E R V D L I S E Y P
R E Y O R T S E D E S B A R M
E U Q R A B R D A I L C E R A
P R A N E D A B C J H E O H S
I W A R E P C U T T E R P W J
```

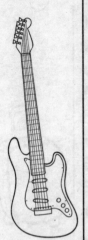

ARGOSY	DREDGER	SCOW
BARQUE	FERRY	SKIFF
CANOE	KAYAK	SLOOP
CATAMARAN	KETCH	SMACK
CORACLE	LAUNCH	TRAWLER
CRUISER	MINESWEEPER	TRIREME
CUTTER	PADDLE BOAT	VESSEL
DESTROYER	SAMPAN	YACHT

```
A N J A R O E T E M O I I O X
D N T I M G E D B L A Y L E S
A D L I K T S Z D R U D A G D
S Y B A D F E R M W T P N E A
A L D A B R A A T O L L J L L
M S A B G U R N W F M U S K A
P T E G M I U N E R A V A P K
A D A A E O O L I D O S T E N
P U A S M F S O L E D S A T A
H A U G C N E A O L S N I R H
O Q Q O M E Y R M C E L H A C
S O R I Z I R F Y M N G T U T
Y F E A Y I T W U T F R Y I I
U X N I Y A N B C H A V I N A
O F A L I X A T A J M A H A L
```

ABU MENA

AKSUM

ALDABRA ATOLL

ANJAR

CHAVIN

DELOS

HATRA

ITCHAN KALA

MASADA

METEORA

MOUNT WUYI

OLD RAUMA

OLD TOWN OF
　　CORFU

PAPHOS

PETRA

QUSEIR AMRA

ST KILDA

TAJ MAHAL

TAXILA

TIMGAD

TIYA

TSODILO

TYRE

YIN XU

```
Y E S L S L A R I M O R M I S
A O G K V E H E L I F T E P K
S I A D A E L O S I S P O R E
M E K F I V G K U E E R U E Y
P Y P G R R F S M R T S V I M
P E H O K S K E M U O D B H Y
M T N E R C A N I S S T P A E
A S L O O T L T T S A N L L D
C G W R T S S I T I B E T E U
E A C M P I L E M F B C F P T
S R R I A N P P R B C S E P I
A C K E D I U G V C E A L A T
B E F V Y P E E T S T R C R L
S U M E B L I C E A X E S I A
I Y A R N A F I L M S E S A W
```

ABSEIL	CRAGS	RAPPEL
ALPINIST	CREST	RIDGE
ALTITUDE	FISSURE	ROCKS
ASCENT	GUIDE	ROPES
BASE CAMP	HEIGHT	SPIKES
BELAY	ICE AXES	SPORT
CLEFT	PEAKS	STEEP
CLIMBER	PITON	SUMMIT

```
P Q Q R B H U T A N W O A D X
A Q J P M P U O C L U I R A A
R C Z E C H R E P U B L I C X
A P E O V A X C L M Q L Y Q F
G A D W W D L S A A O V C S N
U R U C B N C Z L G P I L A M
A U S S D A H C N O A E T S Q
Y N O A T W B O F I V S N J I
J A M I F R M M N B I A S R W
L N O B Y A I E I K C R K K A
F I L R O Q M A I Z J X N I L
X G D E C R N J A R R O D N A
L E O S A F A N I K R U B X M
H R V C W T Z E T H I O P I A
Y R A G N U H K O S O V O T L
```

ANDORRA	HUNGARY	NIGER
ARMENIA	KOSOVO	PARAGUAY
AUSTRIA	LAOS	RWANDA
BHUTAN	MALAWI	SERBIA
BURKINA FASO	MALI	SLOVAKIA
CHAD	MOLDOVA	TAJIKISTAN
CZECH REPUBLIC	MONGOLIA	ZAMBIA
ETHIOPIA	NEPAL	ZIMBABWE

```
M E R U S S E R P R O T O R S
D I A G R A M V T C E J O R P
A S S E N A L P L U N P E F E
S G W S S E R T S Y O L L A R
I E Y I A K L E V U E F E I D
S N T T G A C L S C W U C E I
S L O K I R O O T L Q P S N U
G E I I R C F R D R U I S W S
E Z G O T T I O O H G P S L C
S M A D W C L T O N E E L C I
V D O A I I I N S C L L E A N
S N R T S R S R T A D I N N O
A E Y Q I I B I F R L N N A I
R E U L T O O S A D N E U L B
T A Y E L N N G R E C S T S X
```

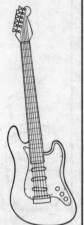

ALLOYS	ELASTICITY	PRESSURE
BIONICS	ELECTRICITY	PROJECT
BRIDGES	FRICTION	ROADS
CANALS	INSPECTION	SEWERS
DESIGN	MOTION	SOFTWARE
DIAGRAM	ON-SITE	STRESS
DOCKS	PIPELINES	TORQUE
DRAG	PLANES	TUNNELS

```
L A N U L E T R G U H K T L Z
J M R C A L L I S T O Z M F A
F A T I U S K J S I T N O D T
J A E E R C U E S L R E O F
A Y I Z O L Y D U B T L J E E
N J L R H E A D A H P N B N A
O A U M Y S A M O H R S C E M
M D J A T L A S O O Z O U L E
E N J A E U I E F G E M P L K
D I A C B E B S S K M I I A Y
S L N L T E H K S D E E D P L
E E U G I F M A P A N D O R A
D B S Q T R I T O N M E E V K
P U Y R A W C H Z J J I Q D L
I O R K N B P I T L T D M Y W
```

ARIEL	FORNJOT	ORTHOSIE
ATLAS	JANUS	PALLENE
BELINDA	JULIET	PANDORA
CALLISTO	KALYKE	PHOEBE
CUPID	LEDA	RHEA
DEIMOS	LUNA	SKATHI
DESDEMONA	MIMAS	TITAN
ENCELADUS	MNEME	TRITON

```
E Y A C T P E R A S T B A B E
G R E A O N E O P M E T R A Y
D N P N N T A T D B A V R E W
I A I O O T E N S I O N A U D
R A T O I T S M I O J Y N T B
B A C A R D R U E M W N G F S
B E H E S T S E I O O T E I P
O P R A S E R E T T T D M L F
S T B U L O E U A R E A E P E
E W A A T C T V B R A C N R L
F A C C A S L A E A T U T A C
E S P V R L O E G R T U Q H S
E C I T C A R P U E B O B S S
O V P R O Y M M W A L T Z E A
E L I B A T N A C R O S E I B
```

ARRANGEMENT	MARCATO	SHARP
BASS CLEF	PITCH	STAVES
BATON	PLECTRUM	SUITE
BREVE	POSTURE	TEMPO
BRIDGE	PRACTICE	TENSION
CANTABILE	QUARTER-TONE	TWO-STEP
DOMINANT	RUBATO	VIVACE
LEGATO	SCALES	WALTZ

```
T A A I X B T L O X T Q T L G
F H N O H Y E L E K R E B N I
S L E E C L M O H N U V O G Z
K L L B G U T P E F U T F P P
C I A B M N O D E P P R V I I
U L Y T O R I R Z M A I B Z E
R L C R T E R B A U A D O A L
B E O O L A F H U P L U U R M
S T X E R M T A Z T B B T A Q
N E F A C U H U N Z O J R G T
N N O B O T R F S F R P E O W
I T R S N I L B U D G S C Z E
R R D M C A V E N E G F H A N
G L C H P A N G O L O B T G T
S T U T T G A R T S T S U V E
```

AALBORG	INNSBRUCK	STUTTGART
BERKELEY	LEIDEN	TORONTO
BOLOGNA	LEIPZIG	TUBINGEN
BONN	LILLE	TWENTE
BRUNEL	OXFORD	UTRECHT
DUBLIN	PADUA	YALE
FERRARA	PORTO	ZARAGOZA
GENEVA	SOUTHAMPTON	ZURICH

```
G E L A N D Y T L A N E P A T
B P S E C N E F E S Q U N R P
L A R C L L U A L U P E A O M
H A U A O O A S E R R I S G U
T Y C L C N W S P A L T T R J
I E S I K F T Z U E S O R A R
M L K P T R D R R F U S I R E
I D G N I R E S O C E V E N T
L D J A A G E D H L J R E R A
E A N T E L E V I S I O N S W
M S A R P E B A E R O G T S K
I T M I R E N N I W V Y N A K
T U F E N Z A S E W L T E R D
S E S R O H A S S E T R A G F
B E S S I X O B E S R O H U I
```

ARENA	GRASS	STYLE
BAULK	HORSE BOX	TELEVISION
BLANKET	HORSES	TIME LIMIT
CLOCK	PENALTY	TOUCH
CONTROL	POSTS	TRAILERS
EQUESTRIAN	REFUSAL	VERTICAL
EVENT	RIDER	WATER JUMP
FENCES	SADDLE	WINNER

```
F S E V L E H S E C N E F Q W
U B L R E S E A L N Q I G C X
P M I F I N K L U A C N A D Y
C R T Q R E I K Y X I E R R E
Y P I C T U R E S L I G A I D
C S E L D N A H L R W F E P I
L S M S X M H E E E A G L P N
E N Z U V C N P Y W L A C I F
F A J V T A A T F I L R I N L
L I T I P I H E P R P D H G G
P U W T R Q F T C E A E A U V
A S W Q A R X W A O P N L C H
I J U U A C F W N B E P L A L
N D W M E E H E N E R P T R G
T T E S P I R I T L E V E L Z
```

ATTACH NEW HANDLES

CLEAR BLOCKED DRAIN

FIX DRIPPING PIPE

FIX STUBBORN LOCK

FRAME PICTURES

HANG PICTURES

HANG WALLPAPER

MAKE SHELVES

PAINT THE GATE

PUT UP FENCES

PUT UP PANELLING

REPAIR FLOOR-BOARDS

RESEAL THE BATH

REWIRE A PLUG

TIDY THE GARDEN

TILE THE BATHROOM

UPCYCLE FURNITURE

USE A CAULK GUN

USE A SPIRIT LEVEL

WIRE A LIGHT SWITCH

```
N G M A E V L A V F Q U G P R
A N T A O L F B D C B K F R O
P I M D I S H W A S H E R B T
R Y P T L O E O E T P E N I C
J A R C E I A F R X H F E D I
Q L E Y Z L T K H E I W I E R
I E D W R P I O T L W E A T T
O P L G T I N O T M W R E R S
O I O T W P G E V O M H E Q E
G P S A A E R P B E J C X P R
V L S N N L M L Y Y R S A D X
F T W K D U E U E O T F I U P
E W P M P N I A F B F D L L A
J W P A R T Y A K T K F U O T
K N I S M D W Y V S D G D S W
```

BATHWARE	FORCE	SINK
BEND	HEATING	SOIL PIPE
BIDET	LEAKS	SOLDER
DISHWASHER	OVERFLOW	TANK
ELBOW	PIPE-LAYING	THREAD
FILTER	PLUG	TRAP
FLOAT	PUMP	VALVE
FLUX	RESTRICTOR	WASTE

Magical

```
Y M A E R D G H O S T L Y U F
F D L A E R N U X I U P Z Z C
A O N Y W O N D E R F U L W O
I M K E L H Y F B S E Y E C S
R N J K T D R G P H E I L H F
Y T V C S E R I L W R M A A X
L N H E T R R A U D I H N R L
I C N N I S P Z K E C O M L
K R U A T T E U I I I O I I A
E O D U C L E N O F W Y T N C
C W A J F N L D U L E U C G I
J L Z I D C U L E F U D I G H
L A N E M O N E H P W B F N T
U K L A E D I M A G I N A R Y
P R T I L L U S O R Y R L F M
```

CHARMING	FEY	PHENOMENAL
COUNTERFEIT	FICTIONAL	PRETEND
DREAMY	GHOSTLY	SPIRITUAL
EERIE	IDEAL	UNCANNY
ELFIN	ILLUSORY	UNREAL
FABULOUS	IMAGINARY	WEIRD
FAIRYLIKE	INVENTED	WIZARDLY
FANCIFUL	MYTHICAL	WONDERFUL

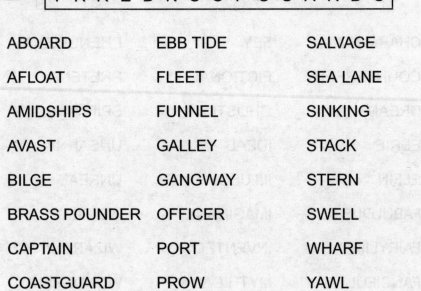

```
B E U L W A Y N Y B R U A K N
F E R C U E C A R S U M C I B
S R C E D D W H I E I A A J L
A I A P C G R N J D T T F E I
R A R H N I K A S S P S L D G
E O H A W I F H U A M A O K E
W D G A N P I F C G Y V A G Y
F K I G S P T R O P T A T E E
R T V T S E A L A N E S L G X
D R A O B A W O S C F L A A O
F O Y E L B I W I T A V L O N
L D F U N N E L E G L I B P C
E D C Q G L U E J A A B E E E
E E E S L A E S S E R O A P R
T R R E D N U O P S S A R B C
```

ABOARD   EBB TIDE   SALVAGE

AFLOAT   FLEET   SEA LANE

AMIDSHIPS   FUNNEL   SINKING

AVAST   GALLEY   STACK

BILGE   GANGWAY   STERN

BRASS POUNDER   OFFICER   SWELL

CAPTAIN   PORT   WHARF

COASTGUARD   PROW   YAWL

When I was a boy of
fourteen, my father
was so ignorant I could
hardly stand to have the
old man around. But
when I got to be twenty-
one, I was astonished
at how much he had
learned in seven years.

Mark Twain

```
E L J S N H N T O B V W K D W
S C G N A R E M O O B T K V C
E B N S Q L E M Y C F L G C T
E F I E G O A L P O S T S H R
S Q Y L F T W D D K S E D V A
A M N P L J E S B D E W G U T
W M W I L I P M I O A N I S I
F A V Y C H A I R L W P N N U
C L O G S E Q R X G L L A E G
C L B T B V S I D X A E R L L
Q E K N F G R T J S L T R B N
P T W S S A A U K U C J E T L
D U V R S U R V L C G U R T B
Q G A E L E S A E E L C E M T
E O V S N T J Q Z L R V I N A
```

BEAM	GATE	PEW
BILLIARDS CUE	GAVEL	RAFT
BOOMERANG	GOALPOSTS	RULER
CHAIR	GUITAR	SALAD BOWL
CLOGS	KENNEL	SEESAW
DESK	MALLET	SWING
EASEL	OARS	TRELLIS
FENCE	PADDLE	TRUG

```
H Y H I S T O R Y K S R G P A
E J I K S E S E T I S B E W Q
N G N E O P U P Q M E T G I C
I I O L U Y S H I F R A M E S
L B W Z R O E R R J D H O B P
F A E I C N I A M O D F O L O
F N H R E G I S T R A T I O N
O O C F E P Z E K O P L Q G S
W Y A Z L T R B E U I A N S O
T Q C U N B N T Y T V G P Y R
C J G N C L E U W E Y I R J H
Z I G L C L J I O R E V R E S
N L I V N T P I R C S E L U W
M C R E D A E H D I E X K D S
K K T T L M H S U R F I N G N
```

BLOGS	IP ADDRESS	SCRIPT
CACHE	KEYWORD	SERVER
CLICK	LINKS	SOURCE
COUNTER	OFFLINE	SPONSOR
DOMAIN	PHRASE	SURFING
FRAMES	PLUG-IN	TELNET
HEADER	REGISTRATION	VIRUS
HISTORY	ROUTER	WEBSITE

Birds of Prey

```
T E P H O B B Y C M C V T U B
W T A M I U K W A H H S I F L
T I Q G Z C P E R E G R I N E
U K C Z L M B A R N O W L K R
K W A H N E K C I H C H T W E
F R R Y L R I D O Y G E A A I
D C R E J L G Y N E R R W H E
R F A E N I U U C R I U N W G
O G A R I N T T R P F T Y O R
D J O L A R U E O S F L O R E
N W A S C C R R W O O U W R M
O P D E H O A A D H N V L A M
C L K J G A N R H A K L Q P A
K U V F G E W A A U O S P S L
S D Q C V Q R K E S T R E L N
```

BARN OWL	FISH HAWK	LAMMERGEIER
BUZZARD	GOSHAWK	MERLIN
CARACARA	GRIFFON	OSPREY
CARRION CROW	HARRIER	PEREGRINE
CHICKEN HAWK	HOBBY	ROADRUNNER
CONDOR	JAEGER	SPARROWHAWK
EAGLE	KESTREL	TAWNY OWL
FALCON	KITE	VULTURE

```
N A E C O W Y K F F R Q R Y D
Y L D R A W E T S T T E E N P
S D R O J F D A Y G S L Q K Y
O C B A L T I C N S O B H S P
S L L V L Q C I E H A A B A R
C A B I N S T R T H E O C E C
S T K N V N D R E G N I S I D
T I K C U R O I E V F R T E I
I P E B I P F A O I U N Y H S
O S W A A S N Y C P A D A T E
U O H N A J A K N L N E D A M
Q H I Q V G H E T L H C I B B
Q L C R E Q M A S G M K L N A
E W S B G S X E J Q R S O U R
L B N I A T P A C C P I H S K
```

AEGEAN	DISEMBARK	PORTHOLE
ATLANTIC	FJORDS	PURSER
BALTIC	HAIRDRESSER	QUOITS
BON VOYAGE	HOLIDAY	SEASICK
BUNTING	HOSPITAL	SHIP
CABINS	NILE	SINGER
CAPTAIN	OCEAN	STEWARD
DECKS	PACIFIC	SUNBATHE

Pasta

```
E U P E I E N I L O P I R T O
L P X I F T T T O R C H I O D
Y I I T T T R Z Z E N N E R T
C P T P T E O I R V S N L S E
T P L T M V F T O E Y E P T R
U I C Q E A I O S D L F K S O
F L K C O B E N H L U A G E I
F L X R G G U I E A M R W G F
O U Y O E Y R T B F A F I N E
L S S T M X O A N A C A N O R
I Z G I E R F N M M H L R C D
B I I N L Y J M P I E L S C A
F T G I L L U T X S G O S H U
D I L V I N I L I F L N I I Q
E R I T N A B B Q A M E A M C
```

BAVETTE	LUMACHE	TORCHIO
FARFALLONE	MAFALDE	TRENNE
FILINI	ORZO	TRIPOLINE
FUSILLI	PILLUS	TROFIE
GEMELLI	PIPE	TUBETTI
GIGLI	QUADREFIORE	TUFFOLI
GNOCCHI	ROTELLE	ZITI
GRAMIGNA	ROTINI	ZITONI

Dances

```
T O R T X O F I Q X T I A A R
P P I L C Q G M G Q Y N G H V
O B M A M I O A U N D R E C N
S H I M M Y V A Q U W O S A B
G U J Z I O D L J H G Y C H K
U A L L T R E L P N Z N S C R
B V K T I M E E A W A H O E A
R G E L W F K T T C A N V X F
E D L D O O R N A K R U Z A M
T E A E O P L A E Q Y B E R L
T Z T L A W I R U M B A O F E
I V E V I J M A J S J D Q P E
J R L A Z C B T W I S T K V R
T O E K Z I O U G B O L E R O
B I V S U T E U N I M M J B I
```

BOLERO

BOP

CANCAN

CHA-CHA

FOXTROT

GAVOTTE

JIG

JITTERBUG

JIVE

LIMBO

MAMBO

MAZURKA

MINUET

POLKA

QUADRILLE

REEL

RUMBA

SHAKE

SHIMMY

TANGO

TARANTELLA

TWIST

VELETA

WALTZ

```
S G N I R O O M A S T E N E T
S H A N E S C L U B H O U S E
E N R B A R R A G E E I W O S
R A E R T R A I L E R R F X T
O P T A E M E J F X B E T V H
T F A C I L I T I E S K B H C
S E W F G I D Y A X S O S T A
D V H A R L E N H W A R U T Y
O P G S I A F C A T W B P O N
R O I G S R H Y S H Y O P L B
U N H E S C Y W R E C S L I R
T T I X A T R E T A W A I P I
S O N A V I G A T I O N E B D
D O R E E N I G N E R Y S F G
A N B R N O I T P E C E R O E
```

BARRAGE	ENGINEER	PONTOON
BERTH	FACILITIES	RECEPTION
BOATS	HIGH WATER	STORES
BRIDGE	LIGHTS	SUPPLIES
BROKER	LOW WATER	TRAILER
CHANDLER	MOORINGS	WATER TAXI
CLUBHOUSE	NAVIGATION	WHARF
CRANE	PILOT	YACHTS

```
D D V S P M E E L E C T R A N
B Z I P A S U I R I S A A L R
G Q N P O L N D N K S K N D E
J A D S H Y T N T A D B R E G
L S E Z L D W A L D D Q E B U
I O M A K S A G R E H S H A L
P M I L D Z E A N R I Z C R U
S I A T W T D E M T Z A A A S
P M T A H A B I M E S H F N I
I R R I H J S I R T N T C U S
C R I R N F N G O M N K W A M
A I X H Z T E R S I E W A I P
D G E T A M I N H N N R Z R X
X E E K B A A A G T C A A X F
Z L A V X E L Q B I R O K K M
```

ACHERNAR	ETAMIN	NIHAL
ALDEBARAN	HADAR	RASALGETHI
ALTAIR	MEGREZ	REGULUS
ATLAS	MENKAR	RIGEL
CASTOR	MERAK	SIRIUS
DENEB	MIMOSA	SPICA
DIPHDA	MINTAKA	VEGA
ELECTRA	MIZAR	VINDEMIATRIX

Leaders

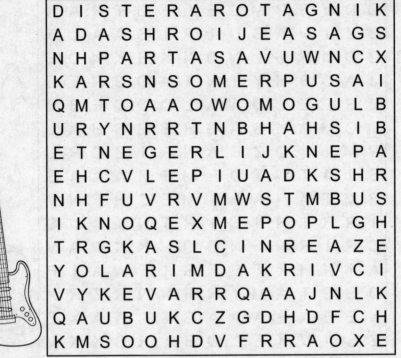

```
D I S T E R A R O T A G N I K
A D A S H R O I J E A S A G S
N H P A R T A S A V U W N C X
K A R S N S O M E R P U S A I
Q M T O A A O W O M O G U L B
U R Y N R R T N B H A H S I B
E T N E G E R L I J K N E P A
E H C V L E P I U A D K S H R
N H F U V R V M W S T M B U S
I K N O Q E X M E P O P L G H
T R G K A S L C I N R E A Z E
Y O L A R I M D A K R I V C I
V Y K E V A R R Q A A J N L K
Q A U B U K C Z G D H D F C H
K M S O O H D V F R R A O X E
```

ADMIRAL	MAYOR	REGENT
CALIPH	MIKADO	RULER
CAPTAIN	MOGUL	SATRAP
EMPEROR	MONARCH	SHAH
GOVERNOR	POPE	SHEIKH
KAISER	PRINCE	SULTAN
KING	QUEEN	SUPREMO
MAHDI	RABBI	TSAR

Haunted House

```
T G C A E R I P M A V Q C H M
S H C O T L T X D V S M E I V
L B U U Y S S P E L L Y R I Q
A S E N R R O R R E T R P M E
R M W W D S E H H Z O M H Q F
T G A O B E E T G R S E O E B
C N I B D O R S S I Y K T E T
E I L X C A C S C Y V H O H U
P K I N S A H R T T M C G S R
S A N Y R S O S A O X I R N N
J E G E A X I S Y C R A A A W
G R D S E S I O N F H M P B H
V C A N F L A S H L I G H T I
S D R A O B R O O L F I B H T
O E E O M S A L P O T C E A E
```

BANSHEE	FLOORBOARDS	SHADOWS
COBWEBS	FRIGHT	SPECTRAL
CREAKING	GHOST	SPELL
CURSE	MIRRORS	TERROR
ECTOPLASM	MYSTERY	THUNDERSTORM
EXORCISM	NOISES	TURN WHITE
FEARS	PHOTOGRAPH	VAMPIRE
FLASHLIGHT	SCARED	WAILING

```
I Y B C T L F K D G H J J C R
V S O O L A K E R N H O B S E
T Z J K B J C A S T O W A F K
R E Q V O B T I A B V P I O N
O B N R Z O E V S G J O L O I
D T K G M F H R L Y O P Y R S
R E U T N E K E U F P Y P P T
E M R T T I U K R F F O T R A
S M D I I L D G E W L T M E C
T U B D U B Y N M E O D M T K
Y L F Y R D C A A R A R W A L
Z P K H H A G L L L T J M W E
Y B X L T G L R L E E R V S B
H V S C O L K U L A N A C I O
E Q H T F I S H I N G B O X X
```

BAIL	FISHING BOX	POLE
BAIT	FLOAT	POND
BITE	HOOK	REEL
BOBBER	LAKE	ROD REST
CANAL	LANDING NET	SINKER
CAST	LURE	TACKLE BOX
CATCH	MAGGOT	WATERPROOFS
DRY FLY	PLUMMET	WORMS

```
A E E Q P M Q S C O T T I S H
M R M T E A N T A R T I C A E
V C Q L N R R S R H B E R S L
P I R M D A R I X A L N P M O
D T B O A A D R S T G R V V N
R N V K E H H G I H I I R T D
O A Y L F E F C A N A E C O O
F M R I N D C X G S L H J J N
X O V I Q P J R N L A A P O H
O R S C A F U J U J E W K X S
L H C G I A P K H S I L O P R
N S A A Q H I I Q S W K I S Y
M N N A T I T O L O R G A N F
U U Y N R M E O C H O R A L Z
F A U S T C R M G C O L A N T
```

ANTARTICA	KULLERVO	POLISH
ASRAEL	LINZ	RHENISH
CELTIC	LONDON	ROMANTIC
CHORAL	OCEAN	SCOTTISH
DANTE	ORGAN	SEA
FAUST	OXFORD	SPRING
GOTHIC	PAGAN	TITAN
JUPITER	PARIS	TRAGIC

```
N A G D A N D R I E S L S M N
E T D L A I O L T P T A S N O
S E A R E B D A A O N C O N I
R C R O O V D E B O E O U O T
E H E W P P E B M C M L R I A
H N F C U Y B N J S N U C S C
P O L I T I C S T O O R E S U
A L E A N R T H P S R N S U D
R O T S S A O I S C I E N C E
G G O E A I N L F L V O A S C
O Y U U D I E C D O N S O I O
T I Q U O V B A I D E P S D I
O B T N A O E Y U A V O S U D
H S S R E H T A E W L R A E A
P G T U H T L A E H A T H E R
```

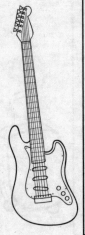

DISCUSSION	MEDIA	SOURCES
EDUCATION	OPINIONS	SPORT
ENVIRONMENT	PHOTOGRAPHER	STUDIO
EVENTS	POLITICS	TECHNOLOGY
FINANCIAL	QUOTE	TRAVEL
HEADLINES	RADIO	UPDATE
HEALTH	SCIENCE	WEATHER
LOCAL	SCOOP	WORLD

```
T A M F T N A D N E T T A P E
R W S E Y M J A W U A R S F R
E H S A L P S B K K E I O A M
T I E D R A U G E F I L L D S
A S L E Y L A A R W D R A I N
W T C L A D D E R N W A R B O
F L S E Y I S G X S H O W E R
T E U A P H N E E E S I A P K
R L M P M I I D M C R A W L E
U A G E T C I S M U A C Z E L
N E N A E L G R C I T F I V R
K T O B S S L E W O T S K S A
S L S E H G W S Y S T R O K E
F L U M E P B O Y T R A P C J
M A T T E O S P V E R A N E G
```

ATTENDANT	LADDER	SNORKEL
BRAWN	LIFEGUARD	SPLASH
COSTUME	MUSCLE	STROKE
CRAWL	PARTY	TAKE A DIP
DRAIN	POSERS	TOWELS
EXERCISE	REFRESHMENTS	TRUNKS
FLOATING	SHOWER	WATER
FLUME	SLIDES	WHISTLE

```
M J C Q Y L M X X T T W A N S
H S W O L L O H T R Y E R A E
S D Q E C R A E P S D P I W I
A Y L A V E R O K U A O J O V
C M S M O R G A N T C K T C A
B O E F A Z E S T H O G A N D
T R I G J G T E I E Y E M N Z
K G Z X R A R S H R Q M A C J
E H N E N S H N F L Y N N E V
L J E B O O O M Z A B K N K F
L R M N L S C A B N I N P L R
Y G N M W R T B M D I K Z F Q
G U P A O K B O M N T O O H U
B X L W O W M A G W M J O Y X
A M E G R R N S B O N N E R N
```

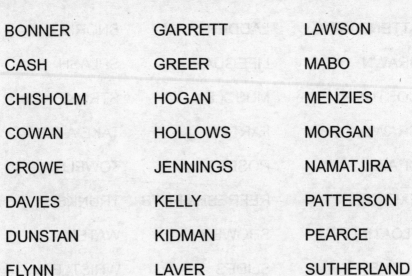

BONNER	GARRETT	LAWSON
CASH	GREER	MABO
CHISHOLM	HOGAN	MENZIES
COWAN	HOLLOWS	MORGAN
CROWE	JENNINGS	NAMATJIRA
DAVIES	KELLY	PATTERSON
DUNSTAN	KIDMAN	PEARCE
FLYNN	LAVER	SUTHERLAND

There's no shame in fear,
my father told me, what
matters is how we face it.

George R.R. Martin

```
U P S R D U U Y T L T T A T B
K A I R A E N T N U E N R S E
R G L B E R S E A G L E K T X
S O U I E T W R L A L M L A I
I H V V O R R T O V U H E T N
B W I V G F T O V D M C G A E
T W R E T X E D P C D T N N O
N O Z A L B M U T P I A E T H
E A O Z D D L S Q E U N Z E P
M K R M K B E T R N I S O G E
H B B O U R H C N F I E L D S
C W G T C N E N L A L C R A O
T F I T P D D F U R Z U C B E
A A O O U N R E T A B E N R M
H E L A P M I A E L G U B C E
```

ADDORSED	FIELD	SHIELD
BADGE	HATCHMENT	STATANT
BEZANT	HELMET	SUPPORTERS
BLAZON	IMPALE	TIERCED
CINQUEFOIL	LOZENGE	UNDEE
CREST	MOTTO	URDE
DEXTER	MULLET	VOLANT
EAGLE	PHOENIX	WIVERN

```
S P U D N C A I D O Z S E R A
R T R Y R O T S Y O T L N A S
E T B E N E O U L R Y R O P T
T Z O D I A S T L P N I I N E
S S I L E N C E A A U G T U R
I J E Z E B E L F L H L I G A
S U E D A M A H Y E P A N P I
N O R B I T A S K R F I O O N
L T E T B S S C S I E R M T M
F E F V H E T H L D D E O A
T R R T S A A U N E V T R O N
E A O N A M R O R R B A P T L
R B S Z P C R V F B C M E S I
O A H O E A E R E N I E W I D
S C O I L N A N D Y R A G E E
```

AMADEUS	MATERIAL GIRLS	SISTERS
CABARET	NORBIT	SKYFALL
CAMELOT	PALE RIDER	TOOTSIE
DISTURBIA	PLATOON	TOP GUN
FROZEN	PREMONITION	TOY STORY
HARVEY	RAIN MAN	ULYSSES
JEZEBEL	SHAMPOO	WEINER
LA RONDE	SILENCE	ZODIAC

```
I L G I P R L Q H L E U I S I
B A E Y E M E M A S T J G B D
E R H S A R W D Y P E O Z G Z
S O Z N Y I E B N K E J A U Y
K P D U N M I Z R E L Z W A R
R R L G R E T H G I F U L R E
E O S A V A R Y E K G E N D K
E C P E T O S U Q H X A D I O
N S O P R O T T O L I P D N T
I A V D E E O O C N F A A E S
G C M U N R O N A O A V T M Y
N H L A B Y B M D T Y M E M W
E O N I E F E A E E R H R C V
V T A N K S M L T I B A E I R
S I D V E C I V R E S S B E A
```

AIRMAN	ENGINEER	PILOT
ARMY	FIGHTER	PLATOON
BERET	FLEET	SEAMAN
BOOTS	GUARD	SERVICE
BRIGADE	GUNS	STOKER
CADET	LIEUTENANT	TANK
CORPORAL	MEDAL	UNIT
DEFENDER	NAVY	WINGS

```
R V I T T Y Y W C A S P A R E
S X T S Y E E G D E L S S T L
O A A A U K I B R A R T H G Y
R E V M C N V M B H T A E R W
F O H X I O X E G V O B R E I
Y I B D S D L Q R T R L R P G
C M Q I Y S N E F U A E Y T L
E H A Q N H E I L U W L I C I
X C O L A H I E G T Y N V K T
I U A I C G O L D H S H J Q T
N L S E R E Y I N E T G Z R E
F M J U P L T X L V U M W K R
A T N A S V E L C I C I A Y V
N Y E G V E T R T C N X H S M
T O U K Q S J X O E V H C H S
```

CASPAR	HALO	ROBIN
CHEER	HOLY	SANTA
CHOIR	ICICLE	SHERRY
DONKEY	INFANT	SLEDGE
ELVES	JESUS	STABLE
FEAST	LABELS	TINSEL
GLITTER	MIDNIGHT MASS	WINE
GOLD	PEACE	WREATH

```
E I J M D N U C E H P S O E L
I M X H T P N I J I A Y D T C
Y P I Y Z A E R G C O U A U P
K O Q E C U L O E G I G D L A
E S P S U P C D B T A H I O C
G T U F Z Q O E K Z S N T V Y
Y T O Z I Y S P C G T A X O E
P S I S A T N E N H J B E T G
T P A Q B Y Z A N T I N E O E
I R G N K A Z M H A D N L R Q
A V E V N E E R C S M R U U X
N M J F A M E T O P E O T S B
L W A J O T J I V U G A R C H
S W M Q N I C H E Z E I R F H
G C B C C A L I E R N E M D M
```

ARCH	FRIEZE	PLINTH
BYZANTINE	GOTHIC	ROMANESQUE
DADO	IMPOST	SCREEN
DORIC	JAMB	SOCLE
EASTERN	LIERNE	TORUS
ECHINUS	METOPE	TREFOIL
EGYPTIAN	NICHE	TUSCAN
ENTASIS	OGIVE	VOLUTE

```
R H B D K N O S M O H T D R G
S J U M A A I D I V N R N T F
V I W S P R I M S X T C S E M
U T E O Q A T E H K X U N O L
S I A M M V N S M P R O T D I
T B K L E O A A M T T O V T R
I T W I T N R R S A R W L O A
J I N U Y C S E N O A A T S T
U F C F O S C I L A N H L H A
F C M N Z Y B A J P J I T I C
A U I G R E E N O I P N C B O
D W S C I N O R T I S A L A W
U X U L O R T C E L E R V T O
J A F J G W U M I S S I O N N
W F E G N U S M A S U N G G V
```

ACCUTONE	FUJITSU	PIONEER
AMSTRAD	HINARI	SAMSUNG
APPLE	HUSQVARNA	SIEMENS
ATARI	MARCONI	SITRONICS
BINATONE	MISSION	THOMSON
COWON	MOTOROLA	TOSHIBA
ELECTROLUX	NVIDIA	TRUST
FITBIT	PANASONIC	VOXX

```
G P U E R S A C A R D I A C B
A E R I L I A C U S U I A S S
S R A E S L R O E A S I U U O
U F S D C W A O S T E P E I L
I O E I A T R E T P L D S R E
M R R O L I U O N A I B T O U
E A O T E E N S T O N A E S S
N N T L N T A Y B A R O H I R
C S A E U U S M F O N E R R E
O B N D S M O C S D E I P P T
R Q I S A H S U I N E L P S E
T U C C R E R A G L U T E U S
S A C E E T R A P E Z I U S S
A R U Y E P L A N I M O D B A
G E B D F I S S P E C I R T M
```

ABDOMINAL	ILIACUS	RHOMBOIDEUS
BICEPS	MASSETER	RISORIUS
BUCCINATOR	PERFORANS	SCALENUS
CARDIAC	PERONEAL	SOLEUS
DELTOID	PLATYSMA	SPLENIUS
DETRUSOR	PRONATOR	SUPINATOR
GASTROCNE-MIUS	PSOAS	TRAPEZIUS
GLUTEUS	RECTUS	TRICEPS

```
M T S U I R E C Y L G H S G S
A S U I P S U I N O T N A R U
R C O N N O T I S E E S S A I
C O I V A Y S E I L Y U A T R
I O S U J T V T A T I S N I A
A S N F A E P V U N R A Y A D
N M R S R M A X I M I A N N I
A S A U T N Y C E N U G N A O
I U S R A A I S I L A S D X C
L I G I I L N T U L U E U P L
U R V D U U N T E T C D R O E
J O A N N E S R I I I O U S T
J N I N L I I V U N B C I D I
L O N A V U A S H U E O A C A
E H V E S N A T S N O C A T N
```

ANTONIUS PIUS	GRATIAN	MAXIMIAN
AVITUS	HONORIUS	POSTUMUS
CONSTANS	JOANNES	PROBUS
CONSTANTINE	JOVIAN	SEVERUS
DECIUS	JULIAN	TACITUS
DIOCLETIAN	LICINIUS	TRAJAN
GALERIUS	MARCIAN	VALENS
GLYCERIUS	MARIUS	VALENTINIAN

```
A R F L N F I N E T E P G S G
C E R O A S A S T L O B O K N
S B A R R I E R S B S L D V I
A S U T E R B E H G O F D E R
F E D A M E C H N C L P R E O
E D Y P A N A I K O V I A R T
B O E H C C N S O E W N U A I
O C I R Z N U D I D D N G W N
X E C N A L L I E V R U S Y O
D S A C T I E B V E O M N P M
Y L S H G R R D C T B B A S I
M K E H D A U N E A B E J E N
O F T I B J U D R Y E R O A D
T S T E H O N Y E E R A R T E
L H E N B S W G S R Y N T A R
```

BARBED WIRE	GUARD DOG	SAFE BOX
BARRIERS	INTRUDER	SCANNING
BOLTS	LOCKS	SHIELD
BOUNCER	MINDER	SIREN
CAMERA	MONITORING	SPYWARE
CODES	PATROL	SURVEILLANCE
FLOODLIGHTS	PIN NUMBER	THEFT
FRAUD	ROBBERY	TROJAN

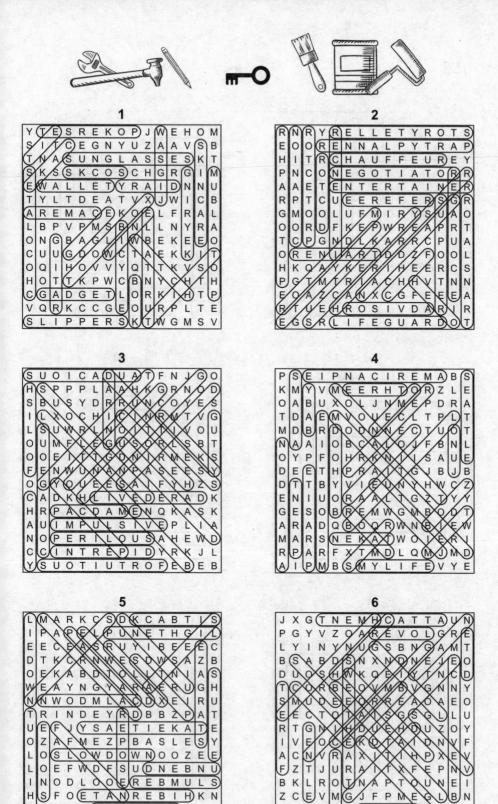

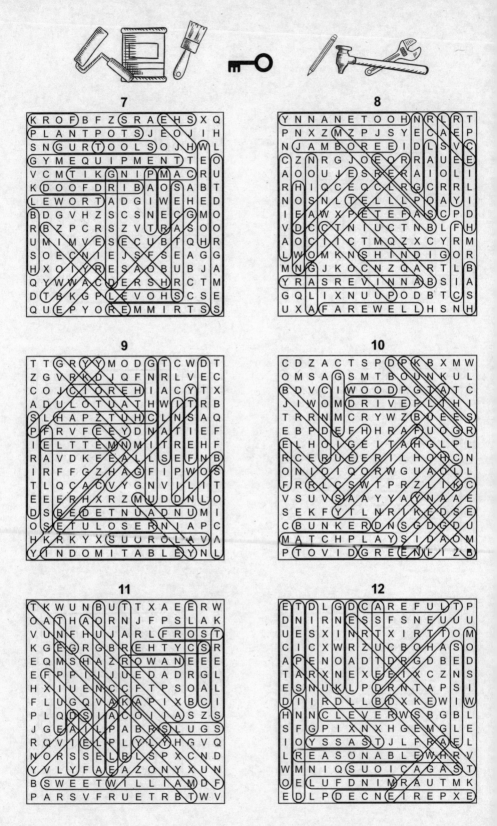

13

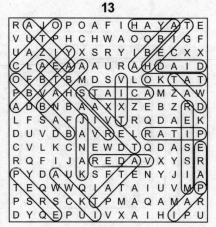

14

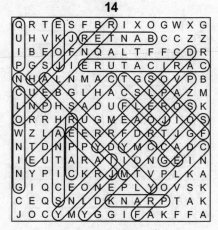

15

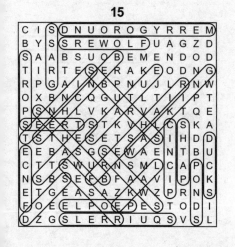

16

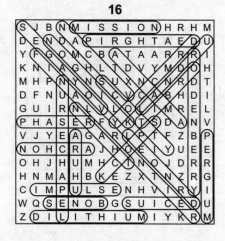

17

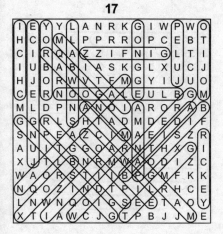

18

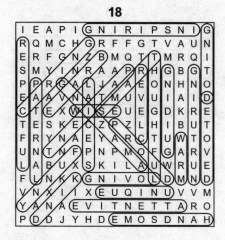

19

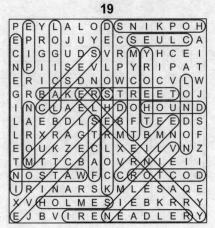

```
P E Y L A L O D S N I K P O H
E P R O J U Y E C S E U L C A
C I G G U D S V R M Y H C E I
N P I I S E V L P Y R I P A T
E R I C S D N O W C O C V L W
G R R B A K E R S T R E E T O J
I N C L A E L H D O H O U N D
L A E B D L S E B F T E E D S
L R X R A G T R M T B M N O F
E Q U K Z E C L X E I L V N Z
T M T T C B A O V R N I E I I
N O S T A W F C C R O T C O D
I R I N A R S K M L E S A Q E
X J V H O L M E S I E B K R R Y
E J B V I R E N E A D L E R Y
```

20

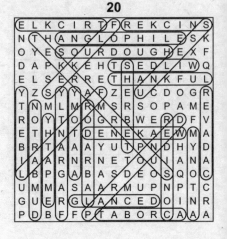

```
E L K C I R T F R E K C I N S
N T H A N G L O P H I L E S K
O Y E S O U R D O U G H E X F
D A P K K E H T S E D L I W Q
E L S E R R E T H A N K F U L
Y Z S Y Y A Z E U C D O G R
T N M L M R M S R S O P A M E
R E Y T O O G R B W E R D F V
E T H N T D E N E K A E W M A
B R T A A A Y U T P N D H Y D
I A A R N R N E T O U I A N A
L B P G A B A S D E O S Q O C
U M M A S A A R M U P N P T C
G U E R G L A N C E D O I N
P D B F F P T A B O R C A A A
```

21

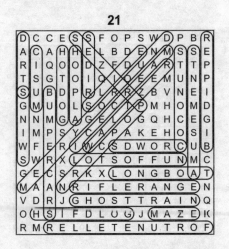

```
D C C E S S F O P S W D P B R
A C A H H E L B D E N M S S E
R I Q O O D Z E D U A R T T P
T S G T O I C I D E E M U N P
S U B D P R L R R Z B V N E I
G M U O L S O C T P M H O M D
N M M G A G E L O G Q H C E G
I M P S Y C A P A K E H O S I
W F E R I W C S D W O R C U B
S W R X L O T S O F F U N M C
G E C S R K X L O N G B O A T
M A A N R I F L E R A N G E N
V D R J G H O S T T R A I N Q
O H S I F D L U G J M A Z E K
R M R E L L E T E N U T R O F
```

22

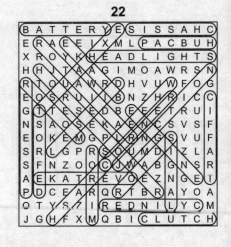

```
B A T T E R Y E S I S S A H C
E R A E E I X M L P A C B U H
X R O Y K H E A D L I G H T S
H H J T A A G I M O A W R S N
R T O U A W R D H V U W F O G
E O S R U I B N Z H R I C U
G T T E S E D B E E E T R U I
N S A O S E K A E N C S V S F
E O K E M G P L R N G S V U F
S R L G P R S O U M D I Z L A
S F N Z O O C J W A B G N S R
A E K A T R E V O E Z N G E I
P D C E A R Q R T B R A Y O A
O T Y S Z I R E D N I L Y C M
J G H F X M Q B I C L U T C H
```

23

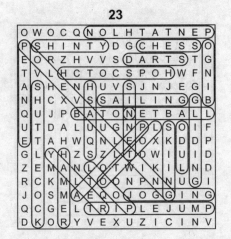

```
O W O C Q N O L H T A T N E P
P S H I N T Y D G C H E S S O
E O R Z H V V S D A R T S T G
T V L H C T O C S P O H W F N
A S H E N H U V S J N J E G I
N H C X V S A I L I N G G B
Q U J P B A T O N E T B A L L
U T D A L U U G N P L S O I F
E T L A H W Q N L E O X K D D P
G Z E K Y H Z S Z L T O W I U I D
Z R M A N L O T W I K I L N D
R C K M L T O O N P N N U G I
J O S M A E Q O J O G G I N G
Q C G E L T R I P L E J U M P
D K O R Y V E X U Z I C I N V
```

24

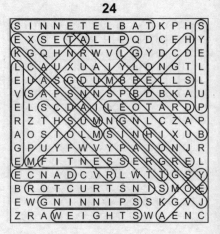

```
S I N N E T E L B A T K P H S
E X S E T A L I P Q D C E H Y
K G Q H N R W V L G Y D C D E
L C A U X U A I Y L O N G T L
E U A S G D U M B B E L L S U
V S A P S N R P B D B K A U
E L S C D A L E O T A R D P
R Z T H S U M N G N L C Z A P
A O S I O L M S I N H I X U R
G P U Y F W V Y P A N J U R
E M F I T N E S S E R G R E L
E C N A D C V R L W T G S Y
B R O T C U R T S N S M O E
E W G N I N N I P S K G V J
Z R A W E I G H T S W A E N C
```

25

```
R Z Y B I Q P M G N O S R T T
F M Z A R M U R C P W Z E X N
N U C Y D I E E X X A Q S F A
H Y P O D Y C F E V R A U F O
T I E A A A A E A H D F L K C
E S T L R C R W Z B R T T O R
A S P E L E H R A G O A L C R
M H R T F O P W R M U R W I N
S A O E G M W J E V P C E E A
H E L R M E L X C G D E R B Y
F F E B E H F S A P C K K H C
T P X V D C H N R Y O R Q L A
I I L H J A V K A D D E E F A
A M A Z R M X B M G K Z E D Q
V E Y F S Z N G A Z Y U B Q K
```

26

```
Y A R I S S R D G S E M O R F
S E N I L R E B F I I U F Q O
E R N E S W N O P U R R M I V
Y D B D D O R T U O O A V E J
H R N N Y C U A C L N T A P A
L M A U E S N H E T R N L A R
O U G G N O A N R S T O N O A
S N A H L M S E T W N I T R S
A I N T O A A O E D T E K O P
N C O N O L C R O R A L S P I
E X N T H R Y C I L R Y C A P
L N E O O M U O W O E H H S U
E F L R I O A T H E N S I A U
S M E L B O U R N E T G R A Q
```

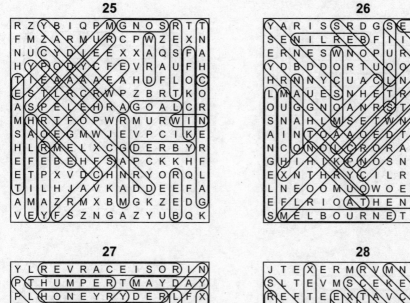

27

```
Y L R E V R A C E I S O R I N
P T H U M P E R T M A Y D A Y
P L H O N E Y R Y D E R L F X
N J E O R A T S S I M P H E E
I Y C N A N S F A H A G A P N
L V I Y T U K L Y C O Z D L I
I U I M P Y E N A H M G I O A
A L F O O U O L I B M A B V O
W T T E N A U T M D T M I A N
I C L A C A N I O A R G B N A
O K M S P A X N C O G H O O T
E N I R E V E S J B L D F I O
Q A T I N O B P I V F E A F P
M A R Y G O O D N I G H T W P
E G N A L O S H X S Z M G B Z
```

28

```
J T E X E R M R V M N E H S M
S L T E V M S C E K E N R O Z
R E F T E E X T A V C M D E Y
E J B R Z X T H H E E S O T D
A S Y O K P E A P G I I R E
S R E C L E B L L W U C O V Y
O S A V X R E A B U A O E D M
N T E T R T M M E G C H H P E
B D N N I E Z U A B L E I T D
L Y G E D O N S R E R N P H U
A N E V M W N M B B E I Z S L
T I N E K U E A R A E A G J L
N A I U M Y C R L E S R S H A
E R U G U R E A H S U R E V T
M B S U L U M I T S R A H C E
```

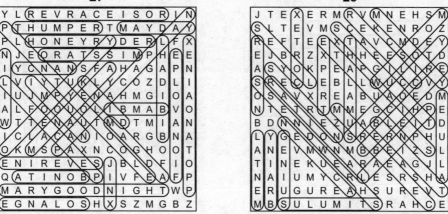

29

```
N G W M W L T H T I A E R F Z
A V N U L N U K K R A G A A K
P D O W X L S M R J J A G E C
P P A S F Q H C A X Q R G M A
A O D V Z R A N Z H O F O J T
A A O A P N A D A L E E N S
A C M R F M H A H Y V F L P J
H I B A N A Z R S K L D Q W
I R D O M D L R R A C Z S O I
A S T A N I S H G E Y O P O A
N E R A O A E U A L I I R L
T U R A L S N E C J V S I N X
J T A P M A R Z I D A R N C H
S Q M N I S B B A I T R G W U
```

30

```
G I N M C R Z E H C T A N Q G
Y S L E C E A T P G F J Y T R
R N E C O T D T E B Q V M N E
V O O O M H C L I F E O E R G
D S X A I G I R Z R N A D E I
H O D U N U L Z E A B P R H T
O A G J G A H A L A O O F T A
U V N V J D Y I G S T K U A H
O M P O K C S K T I X I N E N
A S D M O A L N S S D T O R D
R D T P M C E P S H S O U N E
J U O C O R O J S R R T R N V
X O T K A R O A I T E R H P O
R L O P F F M F L R I O W M M
E Y A J P J X G G R U C K A E
```

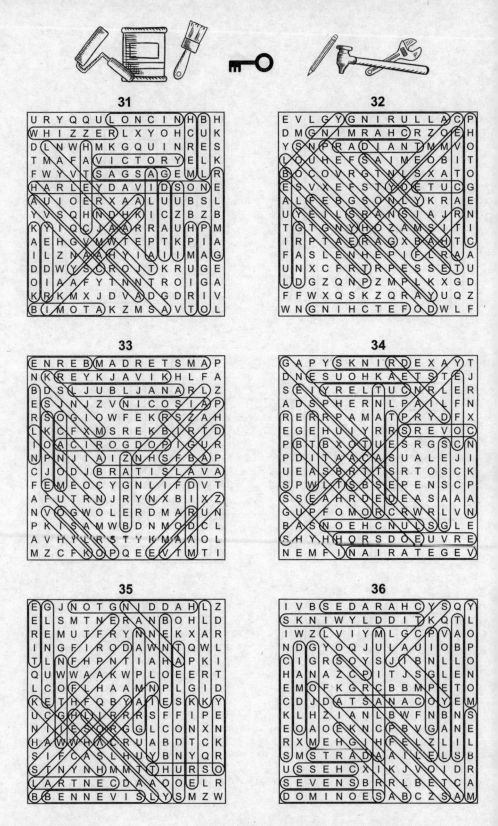

31

```
U R Y Q Q U L O N C I N H B H
W H I Z Z E R L X Y O H C U K
D L N W H M K G Q U I N R E S
T M A F A V I C T O R Y E L K
F W Y V T S A G S A G E M L R
H A R L E Y D A V I D S O N
A U I O E R X A A L U U B S M
K Y I O C J A A R R A U H P A
A E H G V M W T E P T K P I A
I L Z N A A H Y I A I M A
D D W Y S C R O J T K R U G E
O I A F Y T N N T R O I G A
K R K M X J D V A D G D R I V
B I M O T A K Z M S A V T O L
```

32

```
E V L G Y G N I R U L L A C P
D M G N I M R A H C R Z O E H
Y S N P R A D I A N T M M V O
L O U H E F S A I M E O B I T
B O C O V R G T N I S X A T O
E S V X E F S T X D E T U C G
A L F E B G S O N L Y K R A E
U Y E I L S R A N S I A R N I
I G T G N Y H O Z A M S I M T
R P T A E R A G X B A H T C A
F A S L E N H E P I F L R A U
I N X C F R T R P E S S E T U
L D G Z Q N P Z M P L K X G D
F F W X Q S K Z Q R A Y U Q Z
W N G N I H C T E F O D W L F
```

33

```
E N R E B M A D R E T S M A P
N K R E Y K J A V I K H L F A
B D S L J U B L J A N A R L Z
E S J N J Z V N I C O S I A P
R S O G I O W F E K R S Z A H
L K C F X M S R E K B I R T D
I O A C I R O G D O P I G U R
N P N J I A I Z N H S F B A P
C J O D J B R A T I S L A V A
F E M E O C Y G N L I F D V T
A F U T R N J R Y N X B I X Z
N V O G W O L E R D M A R U N
P K I S A M W B D N M O D C L
A V H Y L R S T Y K M A A O L
M Z C F K O P Q E E V T M T I
```

34

```
G A P Y S K N I R D E X A Y T
D N E S U O H K A E T S T E J
S E I Y R E L T U C N R L E R
A D S P H E R N L P A I L F X
R E R R P A M A T P R Y D F X
E G E H U I Y R R S R E V O C
P B T B X O T U E S R G S C N
P D I T A A C A S U A L E J I
U E A S B R T T S R T O S C K
S P W L T S B S E P E N S C P
S S E A H R D E D E A S A A N
G U P F O M O R C R W R L V N
B A S N O E H C N U L S G L E
S H Y H H O R S D O E U V R E
N E M F I N A I R A T E G E V
```

35

```
E G J N O T G N I D D A H L Z
E L S M T N E R A N B O H L D
R E M U T F R Y N N E K X X R
I N F P N T I A H A P K I T
Q U W W A A K W P L O E E R T
L C O F L H A A M N P L G I D
K E T H F Q B Y A E S K K Y E
U C G H L R R R S F F I P E N
N I I E S O R G G L C O N X X
H A W W H A C R U A B D T C K
S I F C A S L H U Y B N Y Q R
S T N Y N H M M T T H U R S O
L A R T N E C D A A O E L R
B B E N N E V I S L Y S M Z W
```

36

```
I V B S E D A R A H C Y S Q Y
S K N I W Y L D D I T K Q T L
I W Z L V I Y M L G C P V A O
N D G Y O Q J U L A U I O B M
C I A N S O Y S J B N L L N O
H A M O F K G R C B B M P E T
I A D T S A N A C O Y E M E M
K L H Z I A N L B W F N B N S
E O A O E K N C P B V G A N E
R X M E H G I H F E L Z L I L
S M S T R A D A A I L E L S B
U S S E H C X I K J V O I D R
S E V E N S B R R L B E T C A
D O M I N O E S A B C Z S A M
```

37

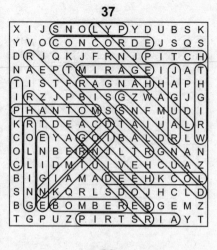

```
X I J S N O L Y P Y D U B S K
Y V O C O N C O R D E J S Q S
D R J Q K J F R N J P I T C H
N A E P T M I R A G E I J A T
T I S T F R A G N A H H A P H
I R Z J P B I S G Z W A G J G
P H A N T O M S S N F M U D I
K R T D E A C D T A I U A L R
C O E Y A G I B A L D R L W
O L N B E R N J L T R G N A N
C I I D M J U I V E H C U A Z
B G I A M A D E E H K C O L
S N N K Q R L S D O J H C L D
B V G E B O M B E R E B G E M Z
T G P U Z P I R T S R I A Y T
```

38

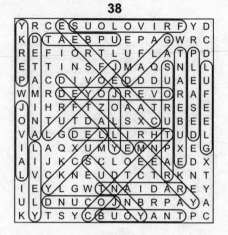

```
Y R C E S U O L O V I R F Y D
K D T A E B P U E P A G W R C
R E F I O R T L U F L A T P D
E T T I N S F J M A Q S N L U
P A C D I V O E D D U A E L
W M R D E Y O J R E V O R A F
J I H R F T Z O A A T R E S E
O N T U T D A L S X C U B E E
V A L G D E L L R H T U D L
I L A Q X U M Y E M N P X E G
A I J K C S C L O E E A E D X
L V C K N E U D T C T R K N T
I U E Y L G W T N A I D A R E Y
U L D N U C O J N B R P A Y
K Y T S Y C B U O Y A N T P C
```

39

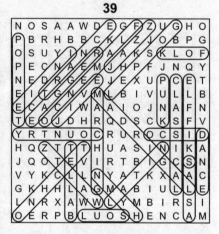

```
N O S A A W D E G F Z U G H O
P B R H B B C K L Z J O B P G
O S U Y I N R A A K S K L O F
P E C N A E M J H P F J N Q Y
N E D R G E E J E X U P C E T
E I T G N V M L B I V U L L B
E C A C I W A A I O J N A F N
T E O J D H R Q D S C K S F V
Y R T N U O C R U R O C S I D
H Q Z T T T H U A S I N I K A
J Q O T E V I R T B I G C S N
V Y K C L L N Y A T K X A A C
G K H H L A G M A B I U L L E
L N R X A W W L Y M B I R S I
O E R P B L U O S H E N C A M
```

40

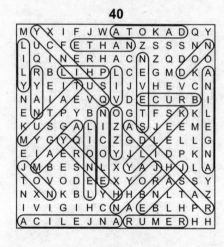

```
M Y X I F J W A T O K A D A H
L U C F E T H A N Z S S S N N
I Q I N E R H A C N Z Q D O O
L R B L I H P L C E G M D K O
L Y E I T U S I J V H E V C N
N A I A E V Q V D E C U R B I
E N T P Y B N O G T F S K K L
K U S G A L I Z A S J E E M E
M Y G Y Q I C Z G D L E L L G
E I A E R O O J J L I D P K N
J M B E S N L X Y A J H I L A
T O V O D E E X Y O R A S S Y
N X N K B L Y H H B N L T A Z
I V I G I H C N A E B L H P R
A C I L E J N A R U M E R H H
```

41

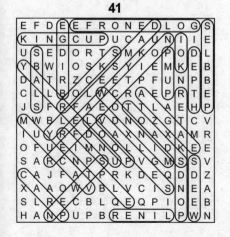

```
E F D E E F R O N E D L O G S
K I N G C U P U C A U N I I E
U S E D O R T S M K O P O D L
Y B W I O S K S Y I E M K E B
D A T R Z C E E T P F U N P T
C L L B O L M C R A E P R T E
J S F R F A E O T T L A E H P
M W B L E L K D N O Z G T C V
I U Y R F D O A X N A X A M R
O F U E I M N O L L I D K E Y
S A R C M P S U P V G M S S
C A J F A T P R K D E Q D D O
X A A O W V B L V C I S N W N
S L R E C B L Q E Q P I O E M
H A N P U P B R E N I L P W N
```

42

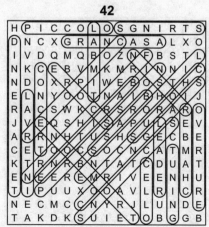

```
H P I C C O L O S G N I R T S
D N C X G R A N C A S A L X O
I V D Q M Q B O Z N F B S T L
N K C E B V M K M R I N N I C
E R D O X R P I W E B O S T H S
R J A C S W K C R S R O R A R O
J A V E Q S H J S A P U J S E V
A C R R N H T U S H S G E C B E
C K E T O O C S O C N C A M R
K E T R N R B N T A T C D U T
E N E E R E M R I V E N I U
V P U U X O O A V L U D B X
N E C M C C N Y R J L U D G
T A K D K S U I E T O G G B
```

43

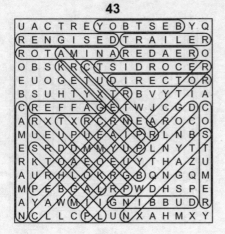

```
U A C T R E Y O B T S E B Y Q
R E N G I S E D T R A I L E R
R O T A M I N A R E D A E R O
O B S K R C T S I D R O C E R
E U O G E T U D I R E C T O R
B S U H T Y X T R B V Y T I A
C R E F F A G E T W J C G D C
A R X T X R C R N E A R O C O
M U E U P U E A I P R L N B S
E S R D D M M Y U P L N Y T T
R K T O A E O E U Y T H A Z U
A U R H L O L K R G B O N G Q M
M P E B G A L R P W D H S P E
A Y A W M I G N I B B U D R
N C L L C P L U N X A H M X Y
```

44

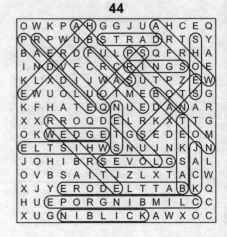

```
O W K P A H G G J U A H C E Q
P R P W U B S T R A D R T S Y
B A E R D F U L P S Q F R H A
I N D V F C R C R I N G S O E
K L X D J W A S U T P Z E W
E W U O L U O T M E B O T S G
K F H A T E Q N U E D A N A R
X X R R O Q D E L R K X T T G
O K W E D G E T G S E D E O M
E L T S I H W S N U J N K J N
J O H I B R S E V O L G S A L
O V B S A I T J Z L X T A C W
X J Y E R O D E L T T A B K Q
H U E P O R G N I B M I L C C
X U G N I B L I C K A W X O C
```

45

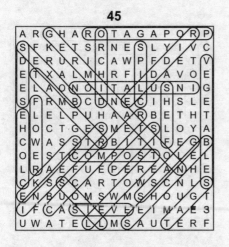

```
A R G H A R O T A G A P O R P
S F K E T S R N E S L Y I V C
D E R U R I C A W P F D E T V
E T X A L M H R F I D A V O E
E L A O N O I T A L U S N I G
S F R M B C D N E C I H S L E
E L E L P U H A A R B E T H T
H O C T G E S M E T S L O Y A
C W A S S T R B I T I F E G B
O E S T C O M P O S T O I E L
L R A E F U E P E R E A N H E
C K S S C A R T O W S C N L S
E N B U O M S W M S H O U G T
I F C A S E V E I M A E 3
U W A T E L L M S A U T E R F
```

46

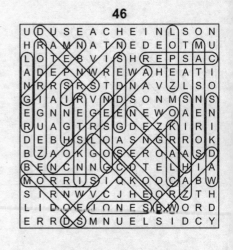

```
U D U S E A C H E I N L S O N
H R A M N A T N E D E O T M U
L O T E B V I S H R E P S A C
A D E P N W R E W A H E A T I
N R R S R T D N A V Z L S O
G I A I R V N D S O N M S N S
E G N N E G E E N E W O A E N
R U A G T R S G D E Z K I R I
D E B H S L O A S N G R R O K
B Z A O K G O S E R O A A S D
B E N C N N G C O T E L H I A
M O R R I S I Q K O O C A B W
S I R N W V C J H E O R Z T H
L I D O E I O N E S B W O R D
E R R D S M N U E L S I D C Y
```

47

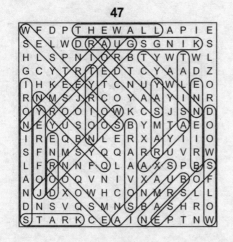

```
W F D P T H E W A L L A P I E
S E L W D R A U G S G N I K S
H L S P N I O R B T Y W T W L
G C Y T R I E D T C Y A A D Z
I H K E E Y T C N U Y W L E O
R N M S J R C O Y A A Y I N R
O Y P O O I O W K C S J S N D
N E Y U S O O S B Y M T A E O
I R E Q B N L E R X A Y I O
S F N M S Q Q A R R U V R W
L F R N F Q L A A X S P B S
A O O O Q V N I V X A U B O F
N J D X O W H C O N M R S L L
D N S V Q S M N S B A S H R O
S T A R K C E A I N E P T N W
```

48

```
N A E S Y R N E H M A R T I N
J R A V X L V P W W J J E H N
U B U J E R F J I R A D Y S O
C D N K T G F R O G D X M M L
Y B E L E X E V L E E G E T L I
B O B E D M J G L D N Q R Z I
Y N H O I N I L M U U N E M W
T V G F H G D L E J M N J A U
R Q I O N N S A I R N G W X S
E F J L J C E G R O E G O T C
F D O O O F Y C J V W T E V O
F T Y Q Y G G I Z T N P E A L
A C O O L J A T E H T R P I L
R O K M L W D E C E R L D G J
J E R R Y L Q K N M X O S D J
```

49

```
S M I R A R L G C T E O F O N
D A R I N T O H M E A N X O M
N U Y I N A K E N Y A H D G A
C N L V U Q L P K A G W A G K
V A C O P X H F C X O S N N R
R K H X T I O O Y N H U T I A
E E O L S C T M S E J A E L V
I A O E E A S T R N R B K U I
N N Y I N M E B E A G E E L L
I T U G S S R H R N H R V A O
A I O E E U C A O Q A T E K B
R S O R M G R D C L G Z R A K
O A E V N Q V B M P C A E M B
Z N B A L V J T L V I N S O N
A A K E I C N I R E K D T E L
```

50

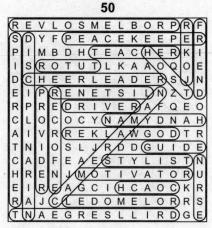

```
R E V L O S M E L B O R P R F
S D Y F P E A C E K E E P E R
P I M B D H T E A C H E R K I
I S R O T U T L K A A O Q O E
D C H E E R L E A D E R S J N
E I P R E N E T S I L N Z T D
R P R E D R I V E R A F Q E O
C L O C O C Y N A M Y D N A H
A I V R E K L A W G O D T R Y
T N I O S L J R D D G U I D E
C A D F E A E S T Y L I S T N
H R E N J M O T I V A T O R U
E I R E A G C I H C A O C K R
R A J C L E D O M E L O R R S
T N A E G R E S L L I R D G E
```

51

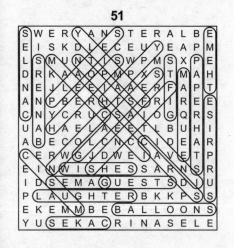

```
S W E R Y A N S T E R A L B E
E I S K D L E C E U Y E A P M
L S M U N T I S W P M S X P E
D R K A A O P M P X S T M A H
N E J L E E I A A E R F A P T
A N P B E R H T S F R I R E E
C N Y C R U C S A I O G Q R S
U A H A E L A E E T L B U H I
A B E C O L C N C C I D E A R
C E R W G J D W E I A V E T P
E I N W I S H E S S A R N S R
I D S E M A G U E S T S D I U
P L A U G H T E R B K K P S S
E K E M M B E B A L L O O N S
Y U S E K A C R I N A S E L E
```

52

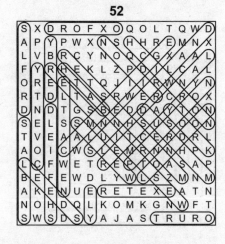

```
S X D R O F X O Q O L T Q W D
A P Y P W X N S H H R E M N X
L V B R C Y N O Q C G X A A L
F Y R H E K L Z P D I L C A L
O R E E T T Q J I R W N Y N
R T D L T A S R W E R C R O X
D N D T G S B E D D A Y T O N
S E L C S M N N H S U S O O N
T V E A A L U I T C E R D R L
A O I C W S L E M R N N H P K
L C F W E T R E P T O A S A P
B E F E W D L Y W L S Z M N M
A K E N U E R E T E X E A T N
N O H D Q L K O M K G N W F T
S W S D S Y A J A S T R U R O
```

53

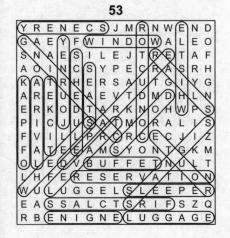

```
Y R E N E C S J M R N W E N D
G A E Y F W I N D O W A L E O
S N A E S I L E J T R E T A F
A O I N C S Y P E C R A S R H
K A T R H E R S A U T G I Y G
A R E U E A E V T D M D H L N
E R K O D T A R K N O H W P S
P I C J U S A T M O R A L I S
I V I L L P R C R C E C J I Z
F A T E E A M S Y O N T G K M
O L E O D V B U F F E T D N U L
L H F E R E S E R V A T I O N
W U L U G G E L S L E E P E R
E A S S A L C T S R I F S Z Q
R B E N I G N E L U G G A G E
```

54

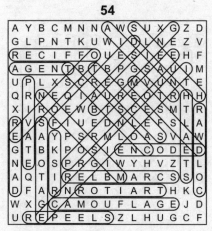

```
A Y B C M N N A W S U X G Z D
G L P N T K U W I D N E Z V
R E C I F F O U E S I E E H F
A G E N T B T B P G S A U I M
U P L X S C R E G M V N T E
Q R N E Q I A U R E O T R H
X I R D E W B T S C E S M T
R V S F I U E D N L E F S L A
E A A Y P S R M L O A S V A W
G T B K P O S I E N C O D E D
N E O S P R G I W H V Z T L
A Q T I R E L B M A R C S S O
D F A R N R O T I A R T H K C
W X G C A M O U F L A G E J D
U R E P E E L S Z L H U G C F
```

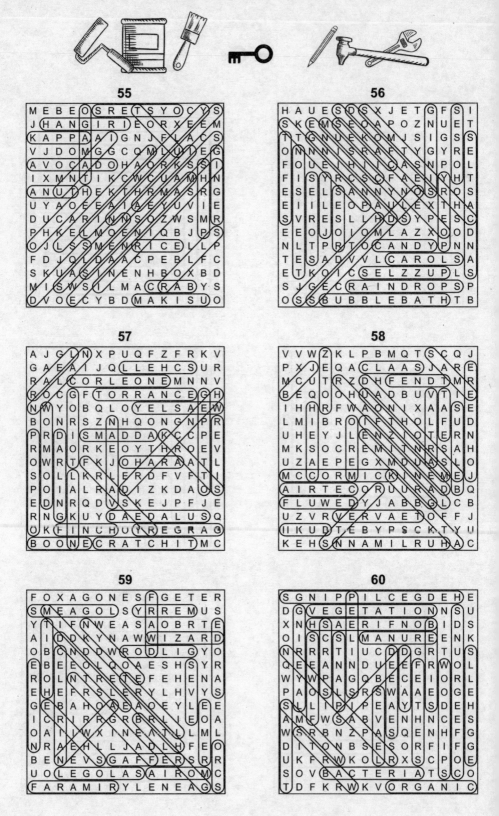

61

```
R T P A P M U E S I L O C A R
I O I M D I T M E R O U N D O
N S E U U Y T R G U T R U O C
L R O L C J E C A E P R I N E
S T O A N R I L H C I C E O M
F O G R F E I K L E K O M E U
P U W I L A M C S A K U O G I
S P E E D W A Y Y G S R D S S
A L B E R C P O N T O S O T A
D T G O M R D I S P M E A V N
J E T A W E R I G A R D E N M
A E G A C L L P A R I G M E Y
N U R K L J A R G U N U M D G
E S T U C R E O M A N E R A N
H Z B E K E M O R D O L E V E
```

62

```
S L E G A B T P O T O F T E A
K P O R A N G E J U I C E G C
C R O I S S A N T S Z Y A O M
X S S L A E R E C P B E R I S
N T N E S E L F F A W N Y L E
W R I O A T M E A L F O P E N
O A F U V H S Z Q L G H F D T
R M F A R J N S A U X F X A T
B Z U T E F A K R I O F X L D
H M M E K U E T N C A L Y A J
S H A M S S B P C O Z M E M P
A W A A M L T Y A A C R G R E
H A G A V F I X P R B A P A D
V E P O A C H E D E G G B M N
S E O T A M O T T O A S T Z M
```

63

```
S R E X O B O F P S T E R R E
U I G R O C F J D O A F E W O
Z O O R A I N E N W O L G B U
K L E N T A Y P U A W D U Y M
I P U S E O E Z O I H A L K J
W O A R M K T P H E A G E E I
H M Z A C H E S E V H L I I A
I E S R I H L A I K A U J Z Z
P R E H O L E Z L D I N S T K
P A S G A B D R E E E N I K U
E N N I E E C R Z S R P E F Y
T I K B R O I G A O S T Z S W
D A E O L A Z B G I K P S D E
B N P A P I L L O N R K E E S
Z R E T A W R E T L E B Q B C
```

64

```
L Y D D G A J T W P M W L P L
L D A X L A M P E T E R H Y D
A R H F D D O O U N U F H G B
M E N Y R Y B Y B I B R A Y E
X A S Y W O P D X L C Y C D S
N M C W R U M R O F E R T V B
E O H H I I P O N T Y P A N T
Y R F U Y S C R O E S O R D M
W M T R H N W N I E U E Y L E
N T N N A I L K Y D I M E L L
O E Q I E N G I D R L W Y G H
C S F O H P R D E O B P W T T
A D K Y E T Y E K T E N A A E
N D C C N H U I A H H E A Z M
N E H T R A M R A C N E B O C
```

65

```
N C B E L L Y B G N I M I A R
O W O B E R A B L S E T H K C
C O E Z D R G Q Q N O T C F R
K R N N B N Z C O H H L B I T
S M A A I S P S S G I D Q F W
H W V R T E U P I C E F I R Z
A A T C G I U S K W D R D D Z
N S A H H O F E O A D M V O R
D I Q E C O R B E J Q E V B A
L K A R E N R E Q R G M X E C
E E H N H E O N L E T X I L S
Y F I H D L V D S L E S O O L
Y L H N T I I R E V U Q S I N
E P U V Y P N I T S T U B N
W E C O T A G G E R T D E R G
```

66

```
Z A S H U D X S U L I T U A N
T N I P E S C P I N T A P M V
I P I E U S A N C H R O A E I T A
R I E I U E W N K M R C B R G
I T D R S E A A R I T H E H L
T O A I H M A R C O P O L O E
C A L Y P S O A R P C A F A C
B R C B Y E N Y O T A M A Y I
E A Z T H Q J A W A I P S V N
Q Y T N U O B N C E K K T O A
Y U H E M M O Z A D M A I S T
C P E A S U D E M R A R S K I
R N T A R R E S T N O M B I T
A R E S A S I R T S E V A G M
```

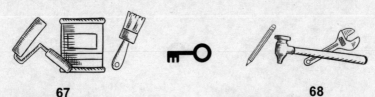

67

```
F T L O V E G K E G A S S A M
W E T W I P E N U U V V C H Z
W E S P D Y Q N O B X T Z G K
G T H O O E L I M S T S R I F
D H T J D H U L U W N Q G D F
N I R E S E U V E I A X W H U
O N P Q K L I G A M E F T U J
L G R R L N O S B M V A M J G
I C M A D R A O E I B Z W N G
J G B R N A T L K N R V A Y U
R Y E D S T E T B G O C L R B
W Y O A L L S N Q U I S K O C
R O B E N I G H T L I G H T T
F G W I N D B B E O Y E J S W
G A X D B O X X T R Y B O N D
```

68

```
N E R E A N O D A L O I G W A
O E R I A R E M E T A M A Z A
F Z T H Y N A K R A S W A O G
E S A N T N E C I F E L A M Q
M C M I E R J M G L E E N G I
A O A D S A K U S D R O G O N
K R I H U Y A S Y W R O V I G
A C T O R M E H D F T A I G L
T H B G S L M U A U T V C O O
L K N G H E R R A N L Y I O N
A O H T O M A R A R E C T W G
B M O E G N O L D N A L Y A M
U O S J T Z I U U Y R U K A H
T Z A H P Z R V I C E R J J
A O B L I Y L F M R O T S N O
```

69

```
K N Y Q D S A H N F G V C P M
F P E N V A O U C R E T E A D
C R F B P V O K G B W A E R J
O I H U B B D O M I T T A T G
G O E U Y O A I R O T C I V X
A Y V E M S R K N A S N W S Z
B E N B E C U L A A G S A O K
O Z S A B C M A G W B N A N Q
T I N I G U I A D T F J A O T
X S U E U B D V G O Z O J K C
U A N K T A G R E N A D A Y E
M X J H M A T L A M X U A E S
Q L G I S Z T L O H U V A V B
A I N I D R A S W N M L B R V
W N O Z U L S Z Z Y G I L X K
```

70

```
N O R Y B O I I I V Y R N E H
X R J U L N T X Y M E L O T P
S M H I E O N N N Y Y I A Q D
F R M S N T I V O Y Y G W L N
H Z K A I W L H E C D R A K E
J R V R N E K O L H T I J E L
R U Q T V N N U O O N V N L S
E E Z R B S A D P R S A M V O
K T N E S L R I A G G W H I N
Z S B R C I F N A A V M N I
M A R X U Q B I E V M N Y Q H
O P C U S T E R F T B A D D U
S O X C H U R C H I L L B H C
T Y N D A L E Z B U H O D O I
G F L D W G X F T W N K Z M T
```

71

```
X V A J H A Y L I N G H U O E
K I U E N R A F S I D N I L G
C R B S S D A Y A M C E O I L P
A A K R T R E G R Y A D R S M O
Q Y N V O S E Z K L N P O M G U
E O E N E W L M D A V A N O U E
W R G L A D N E L Z E R S R E R
B K G K H X R S O E Y R A Y J
R N R G F N I T E F N O E S
A E P N E Y Y R I A W N O E S
P Y M Y L D I E A P Z I K E E
Z I Y O N T N S S D V F G O Y
E G H U K Q K C K F N S W H W
S T L J H S I O C F C A B F T Y
S T V N R G P N M R A M S E Y
```

72

```
E P E C N A M R O F R E P E S
T S E P E S U C R I C I B H E
I U R I N G S K E L P N R E N
Y N S E G N A R O H A O E A T
T P A R T N E R O M G I I L E
I T C S E A T O S N J L A H R
R E C R I N P A I K L A H T A
E R U E O S T S E S U L T A K
X L A T E A T N H L Y P A K I
T G Y C B H I K N A R N N A N
A U S U R O S O T E S A G W U
C J L I U W R E P A I M F E U
H C T A C R S A E M U T S O C
```

73

```
Y T I S R E V I N U S B U O R
M I A R T C E J O R P L M O U
E L F J T C E J A R P E T I S
D D A A T N A R G R I C O E N
A E C N A H M P R V U T T P Z
C I U I G S E P T R G U N U I
A L T N U Y O T A T R L O S T
T U T O R S A S R A I E U R U
U S Y R C D N G T Y S N B G T
T J L H G I I S E S T U D Y I
C W O A Z P T L O S L F J A R
R O M I U L E N S I Y D Y L E
L E D U Y O S D N E E Y Z P M
S E U A Y M T E X A M I N E E
W E Y O I A S P N E E R A S T
```

74

```
T U Y K E E N N E S S J D E U
N K P D E A R N E S T N E S S
E G J Z U F V E H E M E N C E
M J N E Q T M J D N E G D R M
E G U S T O S M U G P E S B S
T H X T M T J C A N D P S E A
I E T O D Y T I D I V A S Y I
C X R M R R E J C L G S E T N
X S H I R S I A U L G S N I U
E P I F B F A T V N I Q I R H
N I R B K I W U E W J O E N T
E R E V O V E R V E Q N G E E
R I N N F Y R T O G I B A T E
G T Z T Q C O M M I T M E N T
Y H Y J L N O I T O V E D I F
```

75

```
C E N C M B R O U X D E L J A
P U T E L O R E S S A C U P L
J E H S T E T A R G B A R E F
R Y M O A T L E I L J E R N O
E M E M O B D L A S A U T E R
R V I C E U C N I T E G A E N
E E O R C F C V S U H O P D O
I C N E E H E R V I O P U A L
T A T D Y P D N Y Z M R F L A
S L H E A J O R N A S M B U E
E D I I E U Z I A O N Z E O S
R E C K L R B N X L B R S R O
O N K O C I U E J N T T O T U
F T N I O P G N I K O M S L
N E N M J E O U X O U V H U E
```

76

```
N B L B W F R N E L S A U X L
U H C A E R P D P Y D D A D S
K O W L N K C G A T F M U S H
A T H C K U O Y P N P C A N G
T S E B W E L D A R C O L O R
B J A K X D A U G H T E R S E
L A L B U T T E R F L Y E S A
W U I M L O G S N O O Q A E T
I D V X G L T O V F L R D L E
N E I L R F E E G S C L Y L S
T B N D A H L A X E U R I V T
E K G Y N Y O E R U N F M N E
R Y A U W T E U N N R T M D G
S W A H Q X M X S K E X L E L
A W Y R O L G C S E R D N E Z
```

77

```
L T Y A W K O R E I R R A H H
E E H G E R A N O C L T U S
P R N T Y N R S I O W L N S P
V H I I R T I N G U A T A S I
I R A P T O R N H E E Q T Q T
C V I N M N H C T R J U I H F
T E O M T A E S H H K W U Y I
O R G O U O V S A A G N E O R
R F I A D N M R W I D I A D E
I A I A R O E S K E S O L A E
S T V W S I O K R A T S Z N E
P I V S R M B A J P O R K O W
F O X B A T O I R Z R H O A A
A E E H E L L C A T D E T T W
X A N A T E N R O H A Y F M R
```

78

```
B Y S T R O O C A B E P T C B
L F A N O H Q L S A V I U A I
D E R D T E U C L M E K O M R
B A M T Y Y B D S B E Z C H E
A U M O W A L N S E H A S L M O
C I X L H I P E A V E T J U O
M R I I M S I M E R X T O P U
A E L K R I W Q A Z G A N E S
N T T P M T U W I Z T L Z N E
C S A I Y G N K R L C H E E T
A Y O B X I S A V W L I A S R
L M L R O I T O T O P O L Y A
A T S U R O D A R A G E T V P
C H E S S Y E S A B A O A Q
T I N T E L I M E R A U Q S P
```

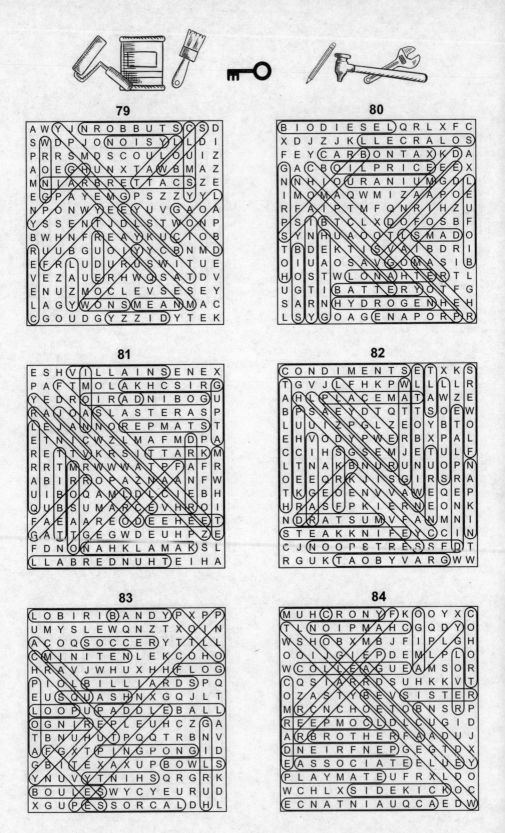

79

```
A W Y J N R O B B U T S C S D
S W D P J O N O I S Y L L D I
P R R S M D S C O U L O U I Z
A O E G H U N X T A W B M A Z
M N I A R B R E T T A C S Z E
E G P A Y E M G P S Z Z Y Y L
N P O N W Y E E Y U V G A O A
Y S S E N T J D L S T W O N P
B W H N F R E A Y K U C I O B
R U U B G U O I Y Y C B N M D
E F R L U D U R U S W I T U E
V E Z A U E R H W O S A T D V
E N U Z M O C L E V S E S E Y
L A G Y W O N S M E A N M A C
C G O U D G Y Z Z I D Y T E K
```

80

```
B I O D I E S E L Q R L X F C
X D J Z J K L L E C R A L O S
F E Y C A R B O N T A X K D A
G A C B O I L P R I C E E E X
N N H I O U R A N I U M G D L
I M O M A Q W M I Z A A P O E
R F A I P T M F O N R I H Z U
P S I B T C L X D O F O S B F
S Y N H U A O O T L S M A D O
T B D E K T I S V A I B D R I
O I U A O S A V G O M A S I B
H O S T W L O N A H T E R T L
U G T I B A T T E R Y O T F G
S A R N H Y D R O G E N H E H
L S Y G O A G E N A P O R P R
```

81

```
E S H V I L L A I N S E N E X
P A F T M O L A K H C S I R G
Y E D R O I R A D N I B O G U
R A J O A S L A S T E R A S P
L E J A N N O R E P M A T S D
E T N C W Z L M A F M D P A
R R T T V K R S I T T A R K M
R A B I R R O P A Z N A A N F
A U I B O Q A M L D L C I E B
Q U B S U M A R C E V H R O I
F A E A A R E O D E E H E E T
G A T T G E G W D E U H P Z E
F D N O N A H K L A M A K S L
L L A B R E D N U H T E I H A
```

82

```
C O N D I M E N T S E T X K S
T G V J L F H K P W L L L R E
A A H L P L A C E M A T A W W
B L S A E Y D T Q T S O E T O
L U U I Z P G L Z T B T A L F
C C I H S G S E M I T U P N N
L T N A K B N U R U N U O R A
O E E O R K J I S G I R S R P
T K G E O E N V A W E Q E N K
H R A S F P K I E R N E O M I
N D R A T S U M V F A N M N N
S T E A K K N I F E Y C I N T
C J N O O P S T R E S S F D T
R G U K T A O B Y V A R G W W
```

83

```
L O B I R I B A N D Y P X P P
U M Y S L E W Q N Z T X O I N
A C O Q S O C C E R Y T T L L
C M I N I T E N L E K C O H O
H R A V J W H U X H H F L O G
P I O L B I L L I A R D S P Q
E U S Q U A S H N X G Q J L T
L O O P U P A D D L E B A L L
O G N I R E P L E U H C Z G A
T B N U H U T P Q Q T R B N V
A F G X T P I N G P O N G I D
G B I T E X A X U P B O W L S
Y N U V V T N I H S Q R G R K
B O U L E S W Y C Y E U R U D
X G U P E S S O R C A L D H L
```

84

```
M U H C R O N Y F K O O Y X C
T L N O I P M A H C G Q D Y O
W S H O B X M B J F I P L G H
O O I I G I E P D E M L P L O
W C O L L E A G U E A M S O R
C Q S I A R R D S U H K K V T
O Z A S T Y B E V S I S T E R
M R C N C H O E T O B N S R P
R E E P M O C L D C U G I D
A R B R O T H E R F A A D U J
D N E I R F N E P G E G T O N
E A S S O C I A T E E L U E Y
P L A Y M A T E U F R X L D O
W C H L X S I D E K I C K O C
E C N A T N I A U Q C A E D W
```

180

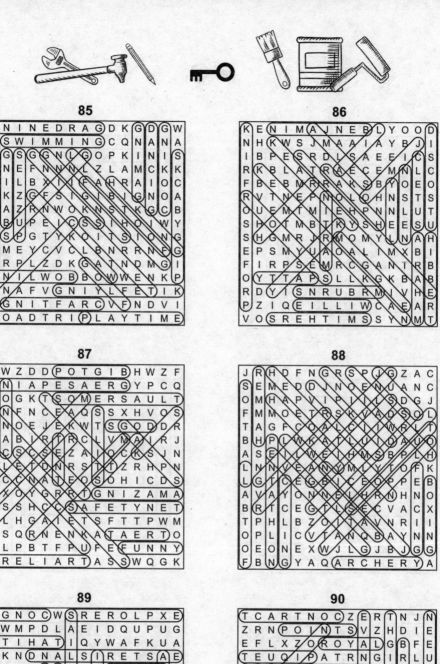

85

86

87

88

89

90

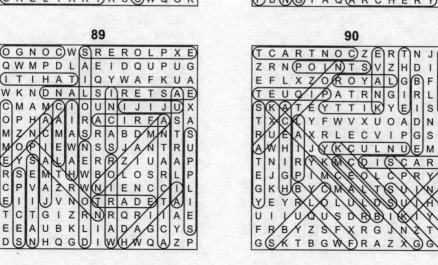

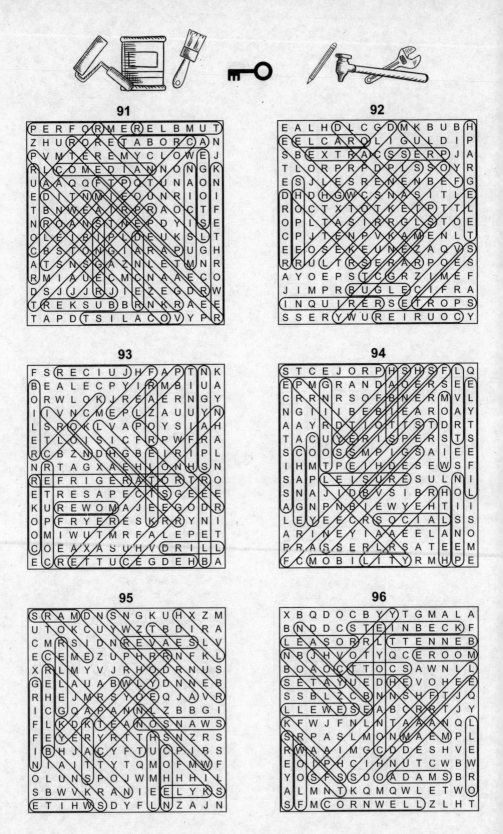

182

97

```
B G A R H E T I F F A N Y S G
K R A P T C E P S O R P Y B H
A Y O C A G I R T B E C E M A
Y C U A A R Y W R M A I A O R
O C E B D R K O N M A P S L L
E R I B V W N A O E E N V S C
L Y E T I X A E V O E S F T H
P S A Z Y R S Y G E H R K N E
P K D W D H T F U I N O G A L
A Y W S B N A Q N M E U S R S
G L A T M U U L N G E H E G E
I I Y E Y U S O L Q I L A Y A
B N N Y L K O O R B H E R L G
R E V I R T S A E G H N Y A L
Z R E V I R N O S D U H U F H
```

98

```
U O S M T W A M R A R E K R J
H B M U E S A K A M E D E P A
S T K T B G E N D R E K G O K
D R E S H E P H R K H O N S U
U O P R K A Z I R P E H K T A
Q T E P E T E H T E B E N I N
O I O T N W A S O A N A T H U
S M W Y E T A K S E W P M E B
R H C K H F B T I F A S A E M I
I O E O J U E E K C A R O T S
R R S C T R N N H N U M A H O
I E H H I T M L E N C A U H P
S P I Y U R I S D T U O N O G
E S I M X L I S U R O H H H I
F T E M H K E S P T E H K A P
```

99

```
E L J G E C D S M E Y D J E Z
P N I O R G W S A P Q O I P I
S I T U P S I I E W Z N C R J
I H L L U T N L R Y N J E X V
T E U O D D S R B B E I T N O P
E I N S I B S E L L E T B A C P
I N E A R S A T G E U R F M Y N
O M A J F T S O M W D T F Z I I
H I C I A O R H K G M T F A E E
N J A J C R S A K O A K A W T S
G I S V K M A L K E W B R L N E
I P A H O L C K E H N S G J N
W L L E W K C U T L L A K Y R
Y K S I A M P R E V I N Z I E
W L K W I L L I A M S G B Y B
```

100

```
D F T C R X M U D V A G Y U M
Q E S T I B N U N G R T H T C
G X E W P O P U P E I T W B A
U E U H O D E R H L M U Y D B
L C G D A R F X I L U S E R L
U O T G T L B O P M V S A E
U Y T E N O H A D I M H R O M
K A L E T I P W W R O E D B B
B U H L R T J J H V D Y N L
H L X E V G O C S P D R T E
P E R P A B P L I P C E P K
F T E N J A M R W Y S W R Y
M R O E D N E S Y S T E M E Q
L W C I U P N B G N O G O L B
Q T N O I T A C O L L A I O N
```

101

```
C N G S R E I C A L G Y N M Y
E I N T S O P M O C T U R C A
O A I P J C H E M I C A L S D
U R D I R E C Y C L E F N E S H T
P I H E H B H A D L I E T R A
R E I G O U G U H N A N W D W A
E C V T Q E I H I R A H A E C
T A I F R M W C N C S U F G E
A W R I N E D O I F M M T E W
W B A M B O O N C V O N O A A
N L F O O A Y E T H R C G N
A T O F L G B I O S P H E R E
E E S M R O S S A M O I B S P
L A N O P R O T E C T I O N T
C L I M A T E D I M A N U S T
```

102

```
X S R U B I L A C X E N P J N
J Q I G X S R M H A V I E G O
E F J R E B O O T A X M L D L
L M M E K Q X R E K L U E G A
B A N D H E A I G C I Q E O V
A T I G T C S Y A O E S Q A A
T D L A U R Q T E F S U Y T R
D N I R L R O T E O L U E R L
N U A C O L U E Z I J D E A A
U O M H L C C R F N R H I N R
O V A T A V G E X O A C O U T
R H D N T S V Y A B E G G H R
S N G A R E T H T L Y M A T A
I L Y M R J E X O N K D D O R
B D H E L T S T H X X U P R R
```

103

```
E H U S B A T A N M E H E R O
I T B R E A N E A E S A N I C
I R A O A H N A A H O U S T Y R
S E E E E A R R P A O N E A R
L D I P O E G Z R P P A G S C
P R H C C L I S O N S D B O S
S E Y O T O M I E A B M A C T
W A R Y V Z M B S Y O T S A R
E D A E E I N T R T O E A R A H
S S R L M R L O I F T V U C H
A I B S T A T L A T M I D H C
B I I D S N R A A L U A I T
B L L B I E M R P G H E T V A
L O O H C S E S U K E K E E H
O E C R O V I D E S T G S S E
```

104

```
U E I Q V X N I R E H T Y L S
A F L D F I M E N O T S F I P
X H X M Z U O W I Z A R D S Y
S B R H G N I L B O G N R A Y
B V N G I Q S T E R C E S B X
R Y L L W K E D S T T K B Y D
R O E K I D O A P E T T O D I V
O L Z Y E B M E O R D A I R A M
M D B N H O R P B E R G U O O
S A I D E G Y K M K A I O L U
T R O U S R X J A H C N C I H
I B H K R O I R L V D U N K O K
C T N A B D T F G E E Z B L K
K O H B E S I H W P X R M O E
T P S T M U N G O S A M Y A Y
```

105

```
Y L S C R A P E R D U M K U I
H W L V L L E S I H C S O C S
M C U I P D K D S P A N N E R
S A R W R E N C H M C L A M P
H T U O T D Y T E O M E N U R
S P R C T T C C P L N R Z Y
O L C I V D A E L K C A P S X
C I X X N F A Q U G G G V R H
K E Z Q K G W E V L K N I F E
E R I R E M M A H U U F Y S U
T S K O O H V N S E P V P C S
S U S C H C N E B V M Q L R I
E B X R N A I L S Q I V U E S
T A P E M E A S U R E C G W T
E P A T G N I K S A M J E S V
```

106

```
T A P A E X C E L L E N T U S
R R S E C E C O M P L E T E H
V P E S A C C U R A T E L U G
F S R P E R O D E R R A M N U
F A E E X L S M K T E Q A H O
S A I C C E W K P D Z C S P O
S U U T D I A A N L A H T P H
E T L L H S S E L N I S D O T
L T Y T T F L E B F T S E T I
H E U M I L U R I E S E H L D
C G B L A M E L E S S L S E O
T A A H O P A S H E E R I S S
A T F Y U S U T S U F E L S
M E W S S M B R E M U E O C T
H I M P E C C A B L E P P S A
```

107

```
A T S U G A D M P E D E W A H
R F O R E S P U D A U P H I N
E S O C L E B K L B A E K C M
G I E C O K Z O C A T V O E E
I K H W K M U H E K U V O H H
T O U E K E B K B I A A N C A
M R G S T I W A S H N M I A N
A S K Y H T E A R I U T N B G H P A
N K Y S A R N B A Q F C O U P
G U K E N E S I A Z U M O B K C
U S B D A H M L A E O Y U R M
S E A K I N G R U L L L T A
A M E M L E I S C E M L S E T
A O E N A R C Y K S M D E C E
```

108

```
H C A R E Y Y N T I S J Y M R
I E P D Y D A C R S I B M E L
P I H I E W A K C Y W C M L E
Q F K S E T O A S E U I V W T
Q V A C I R L Q N C D D F S N
S I M O H A R K E R O I Q T O
Q I N V V I X E O Y R T Z O M
F O M B N S M G L D A O T R Y
L K A A L H B E C H P D Q E A
B H O L L I N G H U R S T N A
J N H B N C V M E M L U H G I
Y I C Y M U P E D Q S F M J P
Q O F A T R G X L I R Z S V A
G O R T O O X I M Y G D L E U
K O B T R R E K R A B A N V L
```

109

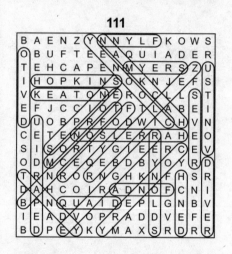

```
E B O R B L E T R Y S O M E M
R A C O M P U T E R L R I A H C
A P E Y M R L A I O S A U A S
S K U S P E C U C M E I K N
E T A R A R N G A I Y A S D I
E L E T C E I N A R G E P N S
E T S E P H N N E N D C V R U
M L E R H E A N T R A O S R P
N R J V R S O S A E I M G E E
C L E R K I K O E C R C N I R V
I D J L T X B R E O E I I P V I
T E A A U Y E S O P R I T O S
L E T T E R S O V W H D E C S
E S P K C E N O H P E L E T
R S P I L C R E P A P U M R R
```

110

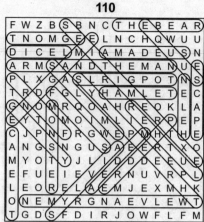

```
F W Z B S B N C T H E B E A R
T N O M G E E L N C H Q W U U
D I C E L M I A M A D E U S N
A R M S A N D T H E M A N U E
P L X G A S L R I G P O T N S
T R D F G L Y H A M L E T E C
G N O M R Q O A H R E O K L A
E Y T O M O I M L I E R P E P
C J P N F R G W E P M H T H E
A N G S N G U S A E E R T X O
M Y O T Y J L I D D D E E U E
E F U E I E V E R N U V R P L
L E O R E L A E M J E X M H K
O N E M Y R G N A E V L E W T
T G D S F D I R J O W F L F M
```

111

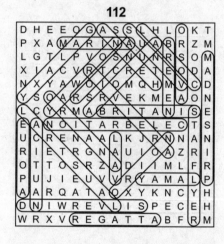

```
B A E N Z Y N N Y L F K O W S
O B U F T E E A Q U I A D E R
T E H C A P E N M Y E R S Z U
I H O P K I N S O K N J E F S
V K E A T O N E R O C L L S T
E F J C C I O T F T L A B E I
D U O B P R F O D W I C H V N
C E T E N O S L E R R A H E O
S I S O R T Y G I E E R C E V
O D M C E Q E B D B Y O Y R D
T R N R O R N G H K N F H S R
A A H C O I R A D N O F C N I
B P N Q U A I D E P L G N B V
I E A D V O P R A D D V E F E
B D P E Y K Y M A X S R D R R
```

112

```
D H E E O G A S S L H L O K T
P X A M A R X N A U A B R Z M
L G T L P V O S N U N R S O M
X I A C V R T C R E T E O D A
N X Y A W O I O M Q H M V C D
Y S O A R S R V E K M E A O N
L C Y R M A B R I T A N I S E
E A N O I T A R B E L E C T A
R I E T R G N A U I O A Z R I
O T T O S R Z A D I I M L F R
P U J I E U V V R Y A M A L P
A A R Q A T A O X Y K N C Y H
D N I W R E V L I S P E C E H
W R X V R E G A T T A B F R M
```

113

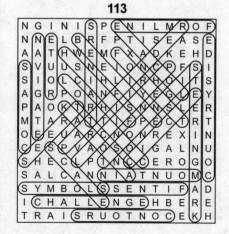

```
N G I N I S P E N I L M R O F
N A E L B R F P T I S E A S E
A A T U H W E M F X A D K E H D
S V I U S N E I O N C P F S I
S I O R L C I H L I R H O I S Y
A G A P O A N F I Y E G L R
P A O K T R H I S N N S L E R
M E A R A T T I P E C T R T N
O E E U A R C N O N R E X I U
E S P V A O S O I G A L N O
S H E C L A N N I A N U O M C
S A L C A N N I A N U O M C
S Y M B O L S S E N T I F A D E
I C H A L L E N G E H B E R E
T R A I S R U O T N O C E K H
```

114

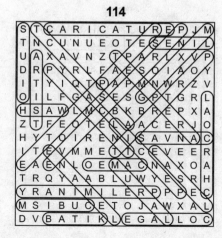

```
S T C A R I C A T U R E P J M
T N C U N U E O T E S E N I L
U A X A V N Z T P A R I X V P
D R P Y R L F A E S O I A O Y
I O Y I Q T P A P M N W R Z V
O I L F G A S E S G P T G R L
H S A W L M C B K B R E P X A O
Z T F E O T E L A A C E R J O
H Y T O I R E N I S A V N A C
I T E V M M E T I C E V E R
E A E N L O E M A C N A X O A
T R Q Y A A B L U W Y E S R H
Y R A N I L E R P P E C
M S I B U C E T O J A W X A L
D V B A T I K L E G A L L O C
```

115

```
P C S A C F E O A T S R E B E
S E O N V P N L B Y K A R A E
A C A D W S O O F S E E R R H
K L O Z E U H R P L A N S A C
B O S J U M R A E S N U J C L
E I P O A Y U B B I O A S E I
L R L I A O D S T A G E U N M
A E M T N V S E N E A B E R U
U K E L T C E G U O R N M E A
O L R L O V T T U E R A A B R
T R C V U R O N T N A R L A F
I A U C I L C A O O T M B C B
F I U O R N V C J I K P E R E
E S J E D E A E M A R A C O I
S A M R L M H A R Y S F Y P L
```

116

```
C B A N A R A M A T A C E R S
D R Z M E S Y E C H T I H C M
R A U M I B R A Y E M P Y C A
O E K I R N R S R R O T A C K
S Y L E S S E V E O R N E O K
K A Y A K E A S L U O E A R T
B E M E F V R S W E M R F A E
Z P T Y S O G R A E U R O C Y
H C N U A L G C R O E B G L N
H S K I F F S I T G E P A E A
D I F O S E R V D L I S E Y P
R E Y O R T S E D E S B A R M
E U Q R A B R D A I L E X R
P R A N E D A B C J H E O H S
I W A R E P C U T T E R P W J
```

117

```
A N J A R O E T E M O I I O X
D N T I M G E D B L A Y L E S
A D L I K T S Z D R U D A G D
S Y B A D F E R M N T P N E A
A L D A B R A A T O L L J L L
M S A B G U R N W F M U S K A
P T E G M I U N E R A V A P K
A D A A E O O L I D O S T E N A
P U A S M F S O L E D S A T A
H A U G C N E A O L S N I R H
O Q Q O M E Y R M C E L H A C
S O R I Z I R F Y M N G T U T
Y F E A Y T W U T F R Y I I
U X N I Y A N B C H A V I N A
O F A L I X A T A J M A H A L
```

118

```
Y E S L S L A R I M O R M I S
A O G K V E H E L I F T E P K
S I A D A E L O S I S P O R E
M E K F V G K U E E R U E Y
P Y P G R R F S M R T S V I M
P E H O K S K E M U O D B H Y
M T N E R C A N I S S T P A E
M A S L O O I T T S A N L L D
C G W R T S S I T I B E T E U
E A C M P I L E M F B C F P T
S R R I A N P P R B C S E P I
A C K E D I U G V C E A L A T
B E F V Y P E E T S T R C R L
S U M E B L I C E A X E S I A
I Y A R N A F I L M S E S A W
```

119

```
P Q Q R B H U T A N W O A D X
A Q J P M P U O C L U I R A A
A R C Z E C H R E P U B L I C X
G P E O V A X C L M Q L Y Q F
A D W W D L S A A O V C S N
U R U C B N C Z L G P I L A M
A U S S O A H O N O A E T S U
N O A T W B O F I V S N J I
J A M I F R M M N B I A S R W
L N O B Y A I E I K C R K A
F I L R O O M A I Z J X N I L
X G E D E C R N J A R R O D N A
L E O S A F A N I K R U B X M
H R V C W T Z E T H I O P I A
Y R A G N U H K O S O V O T L
```

120

```
M E R U S S E R P R O T O R S
D I A G R A M V T C E J O R P
A S S E N A L P L U N P E F E
S G W S S E R T S Y O L L A R
I E Y I A K L E V U E F E I D
S N T T G A C I S C W U C E I
S L O K I R O O T L Q P S N U
G E I I R C F R D R U I S W S
E Z G O T T I O O H G P S L C
S M A D W C X T O N E E L C A N I
V D O A I I N S C L L E A N O
N R T S R S R T A D I N N I
A E Y Q U I B I F R L N N A I B
R E U L T O O S A D N E U L B
T A Y E L N N G R E C S T S X
```

121

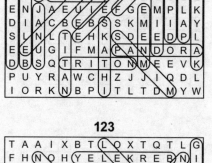

```
L A N U L E T R G U H K T L Z
J M R C A L L I S T O Z M F A
F A T I U S K J S I T N O D T
J A E E R C U E S L R E O F
A Y I Z O L Y D U B T L J E E
A N J L R H E A D A H P N B N A
N O U M Y S A M O H R S C E M
M E D J A T L A S O O Z O U L E
E D N J A E U I E F G E M P L K
D I A C B E B S S K M I I A Y
S E L N L T E H K S D E E D P L
E E U G I F M A P A N D O R A
D B S Q T R I T O N M E E V K
P U Y R A W C H Z J J I Q D L
I O R K N B P I T L T D M Y W
```

122

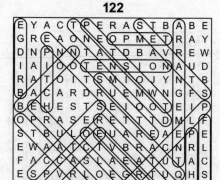

```
E Y A C T P E R A S T B A B E
G R E A O N E O P M E T R A Y
D N P N N T A T D B A V R E W
I A I O O T E N S I O N A U D
R A T O I T S M I O J Y N T B
B A C A R D R U E M W N G F S
B E H E S T S E I O O T E I P
O P R A S E R E T T T D M L F
S T B U L O E U A R E A E P E
E W A A C T V B R A C N R L
F A C A S L A E A T U T A C S
E S P V R L O E G R T U Q H S
E C I T C A R P U E B O B S S
O V P R O Y M M W A L T Z E A
E L I B A T N A C R O S E I B
```

123

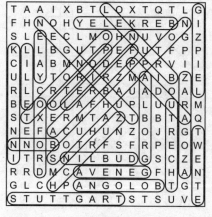

```
T A A I X B T L Q X T Q T L G
F H N O H Y E L E K R E B N I
S L E E C L M O H N U V O G Z
K L L B G U T P E F U T F P P
C I A B M N O D E P P R V I I
U L L Y T O R I X R Z M A I B Z
R L C R T E R B A U A D O A L
B E O O L A F H U P L U U R M
S T X E R M T A Z T B B T A Q
N E F A C U H U N Z O J R G T
N N O B O T R F S F R P E O W
I T R S N I L B U D G S C Z E
R R D M C A V E N E G F H A N
G L C H P A N G O L O B T G T
S T U T T G A R T S T S U V E
```

124

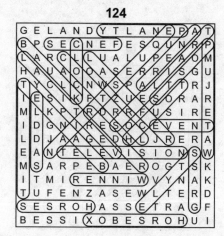

```
G E L A N D Y T L A N E P A T
B P S E C N E F E S Q U N R P
L A R C L L U A L U P E A O R
H A U A O O A S E R R I S G U
T Y C L C N W S P A L T T R J
I E S I K F T Z U E S O R A R
M L K P T R O R R F U S I R E
I I D G N I R E S O C E V E N T
L L J A A G E D H L J R E R A
E A N T E L E V I S I O N S W
M S A R P E B A E R O G T S K
I T M I R E N N I W V Y N A K
T U F E N Z A S E W L T E R D
S E S R O H A S S E T R A G F
B E S S I X O B E S R O H U I
```

125

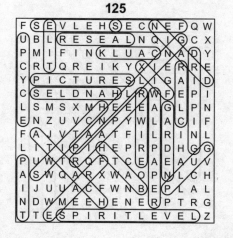

```
F S E V L E H S E C N E F Q W
U B L R E S E A L N Q I G C X
P M I F I N K L U A C N A D Y
C Y R T Q R E I K Y X I E R R E
Y C P I C T U R E S L I G A I D
C S E L D N A H L R W F E P I
L S M S X M H E E E A G L P N
E N Z U V C N P Y W L A C I F
F A J V T A A T F I L R I N L
L I T I P I H E P R P D H G G
P U W T R Q F T C E A E A U Y
A S W Q A R X W A O P N L C H
I J U U A C F W N B E P L A L
N D W M E E H E N E R P T R G
T T E S P I R I T L E V E L Z
```

126

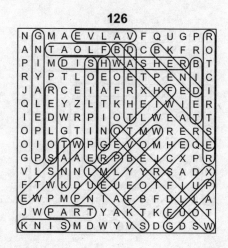

```
N G M A E V L A V F Q U G P R
A N T A O L F B D C B K F R O
P I M D I S H W A S H E R B T
R Y P T L O E O E T P E N I C
J A R C E I A F R X H F E D I
Q L E Y Z L T K H E I W I E R
I E D W R P I O T L W E A T T
O D P L G T I N O T M W R R S
G P I O T W P G E V O M H E Q
V L S A A E R P B E I C X P R
S N I N L M L Y O R S A D X
F T W K D U E U E O T F I U P
E W P M P N I A F B F D L L A
J W P A R T Y A K T K F U O T
K N I S M D W Y V S D G D S W
```

127

```
Y M A E R D G H O S T L Y U F
F D L A E R N U X I U P Z Z C
A O N Y W O N D E R F U L W O
I M K E L H Y F B S E Y E C S
R N J K T D R G P H E I L H F
Y T V C S E R I L W R M A A X
L N H E T R R A U D I H N R L
I C N N N I S P Z K E C O M L
K R U A T E U I I O I I N A C
E O D U C L E N O F W Y T N C
C W A J F N I D U L E U C G I
J L Z I D C U L E F U D I G H
L A N E M O N E H P W B F N T
U K L A E D I M A G I N A R Y
P R T I L L U S O R Y R L F M
```

128

```
B E U L W A Y N Y B R U A K N
F E R C U E C A R S U M C I B
S R C E D D W H E L A A J L
A I A P C G R N J D T T F E I
R A R H N K A S S P S L D G
E O H A W I F H U A M A O K E
W D G A N P I F C G V A G Y
F K I G S P T R O P T A T E E
R T V T S E A L A N E S G X
D R A O B A W O S C F L A A O
F O Y E L B W I T A V L O N
L D F U N N E L E J A A B E E
E D C Q G L U E J A A B E E E
E E S L A E S S E R O A P R
T R R E D N U O P S S A R B C
```

129

```
E L J S N H N T O B V W K D W
S C G N A R E M O O B T K V C
E B N S O L E M Y C F L G C T
E F I E G O A L P O S T S H R
S Q Y L F T W D D K S E D V A
A M N P L J E S B D E W G U T
W M W I L I P M I O A N I S I
F A V Y C H A X R L W P N N U
C L O G S E Q R X G L L A E G
C L B T B V S I D X A E R L L
Q E K N F G R T J S L T R B N
P T W S S A A U K U C J E T L
D U V R S U R V L C G U R T B
Q G A E L E S A E E L C E M T
E O V S N T J Q Z L R V I N A
```

130

```
H Y H I S T O R Y K S R G P A
E J I K S E S E T I S B E W Q
E N G N E O P U P Q M E T G I C
I I O L U Y S H I F R A M E S
L B W Z R O E R R J D H O B P
F A E I C N I A M O D F O L O
F N H R E G I S T R A T I O N
O O C F P Z E K O P L Q G S
W Y A Z L T R B E U I A N S R
T Q C U N B N T Y T V G P Y R
C J G N C L E U W E Y I R J H
Z I G L C L J I O R E V R E S
N L I V N T P I R C S E L U W
M C R F D A F H D I E X K D S
K K T T L M H S U R F I N G N
```

131

```
T E P H O B B Y C M C V T U B
W T A M I U K W A H H S I F L
T I Q G Z C P E R E G R I N E
U K C Z L M B A R N O W L K R
K W A H N E K C I H C H T W E
F R R Y L R I D O Y G E A A I
O D R E J L G Y N E R R W H E
R F A E N I U U C R I U N W G
O G A R I N T T R P F T O R E
D J O L A R U E O S F L O R E
N W A S C R R W O O U W R A M
O P D E H O A A D H N V L A M
C L K J G A N R H A K L Q P A
K U V F G E W A A U O S P S L
S D Q C V Q R K E S T R E L N
```

132

```
N A E C O W Y K F F R Q R Y D
Y L D R A W E T S T T E E N P
S D R O J F D A Y G S L Q K Y
O C B A L T I C N S O B H S P
S L L V L Q C I E H A A B A R
C A B I N S T R T H E O C E C
S T K N V N D R E G N I S I D
T I K C U R O I E V R F T E L
I P E B I P F A O L U N Y H S
O S W A A S N Y C P A D A T A
U O H N A J A X N L N E D A M
Q H I Q V G H E T L H C I B B
Q L C R E Q M A S G M K L N A
E W S B G S X E J Q R S O U R
L B N I A T P A C P I H S K
```

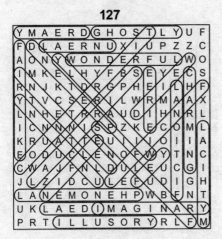
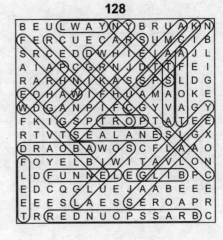
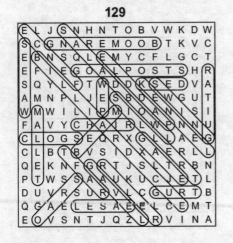
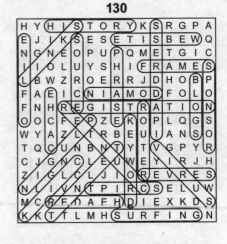
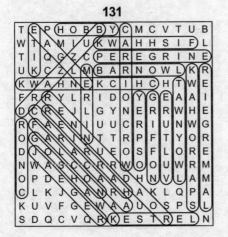
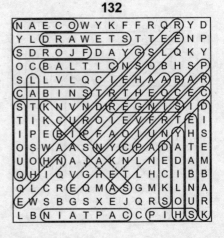

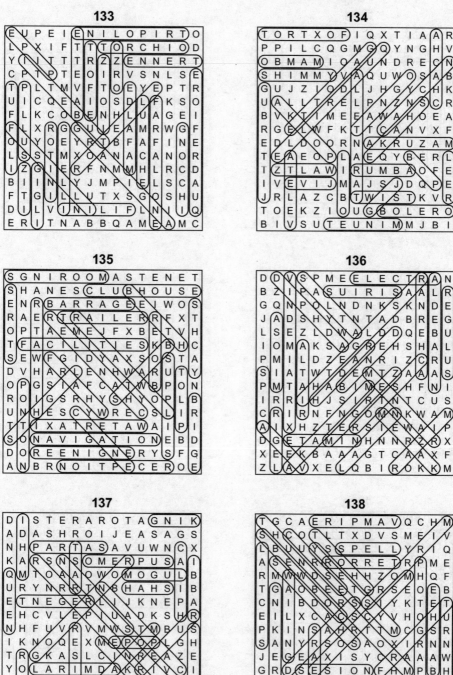

139

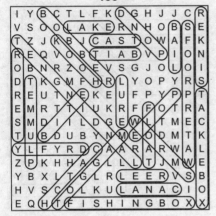

140

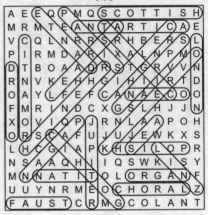

141

142

143

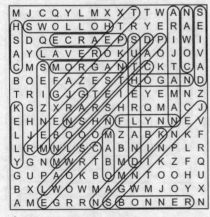

144

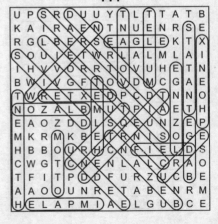

145

```
S P U D N C A I D O Z S E R A
R T R Y R O T S Y O T L N A S
E T B E N E O U L R Y R O P T
S T Z O D I A S T L P N I N E
S I S I L E N C E A A U G T U R
I J E Z E B E L F L H L I G A
S U E D A M A H Y E P A N P I
N O R B I T A S K R F I O O N
L T E T B S S C S I E R M T M A
F E F V H E T H L D D E E O N
T R R T S A A U N E V T R O L
E A O N A M R O R R B A P T I
R B S Z P C R V F B C M E S I
O A H O E A E R E N I E W I D
S C O I L N A N D Y R A G E E
```

146

```
I L G I P R L Q H L E U I S I
B A E Y E M E M A S T J G B D
E R H S A R W D Y P E O Z G Z
S O Z N Y I E B N K E J A U Y
K P D U N M I Z R E L Z W A R
R R L G R E T H G I F U L R E
E O S A V A R Y E R G E N D K
N S O P R O T T O L I P D N T
I A V D E E O O C N F A A E S
G C M U N R O N A O A V T M Y
N H L A B Y B M D T Y M E M W
E O N E F E A E E R H R C V
V T A N K S M L T I B A E I R
S I D V E C I V R E S S B E A
```

147

```
R V I T T Y Y W C A S P A R E
S X T S Y E E G D E L S S T L
O A A A U K I B R A R T H G Y
R E V M C N V M B H T A E R W
F O H X I Q X E G V O B R E I
Y I B D S D L Q R T R L R P G
C M Q I Y S N E F U A E Y T L I
E H A Q N H E I L U W L I C I
X C O L A H I E G T Y N V K T
I U A I C G O L D H S H J Q T
N L S E R E Y I N E T G Z R E
F M J U P L T X L V U M W K R
A T N A S V E L C I C N A Y V
N Y E G V E T R T C N X H S M
T O U K Q S J X O E V H C H S
```

148

```
E I J M D N U C E H P S O E L
I M X H T P N J I A Y D T C
Y P I Y Z A E R G C O U A U P
K O Q E C U L O E G I G D L A
E S U F Z Q O E K Z S N U O V
G T U F Z Q O E K Z S N U O V
Y T O Z I Y S P C G T A X O E
P S I S A T N E N H J B E T G
T P A Q B Y Z A N T I N E O E
I R G N K A Z M H A D N L R Q
A V E V N E E R C S M R U U X
N M J F A M E T O P E O T S B
L W A J O T J I V U G A R C H
S W M Q N I C H E Z E I R F H
G C B C C A L I E R N E M D M
```

149

```
R H B D K N O S M O H T D R G
S U M A A I D I V N R N T F
V I W S P R I M S X T C S E M
U T E O Q A T E H K X U N O L
S I A M M V N S M P R O T D I
T B K L E O A A M T O V T R A
I T W I T N R R S A R W L O S
J I N U Y C S E N O A A T S A
U F C F O S C I L A N H L H I
E C M N Z Y B A J P I T T I C
A U I G R E E N O I P N C B O
D W S C I N O R T I S A L A W
U X U L O R T C E L E R V T O
J A F J G W U M I S S I O N N
W F E G N U S M A S U N G G V
```

150

```
G P U E R S A C A R D I A C B
A E R I L I A C U S U I A S
S R A E S L R O E A S I U U O
U F S D C W A O S T E P E I L
I O E I A T R E T P L D S R E
M R R O L I U O N A I B T U S
E A O T E E N S T O N A E S I
N N L N T A Y B A R O H I R E
C S A E U U S M F O N E R R T
O B I D S M O C S D E I P P
R Q S A H S U I N E L P S E
T U C R E R A G L U T E U S S
A C E T R A P E Z I U S S
A R U Y E P L A N I M O D B M
G E B D F I S S P E C I R T M
```

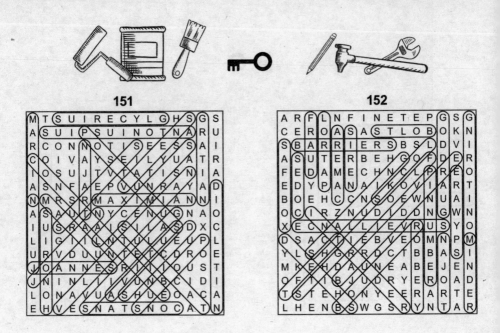

151

```
M T S U I R E C Y L G H S G S
A S U I P S U I N O T N A R U
R C O N N O T I S E E S S A I
C O I V A Y S E I L Y U A T R
I O S U J T V T A T I S N I A
A S N F A E P V U N R A Y I D
N M R S R M A X I M I A N N I
A I S A U D N Y C E N U G N A O
I U I S R A A I S I A S D X C
L G I I L N T U I U E U P L
U R V D U U N T E T C D R O E
J O A N N E S R I I O U S T
J N I N L I V U N B C I D I A
L O N A V U A S H U E O A C N
E H V E S N A T S N O C A T N
```

152

```
A R F L N F I N E T E P G S G
C E R O A S A S T L O B O K N
S B A R R I E R S B S L D V I
A S U T E R B E H G O F E I R
F E D A M E C H N C L P R E O
E D Y P A N A I K O V I A R T
B O E H C C N S O E W N U A I
O C I R Z N U D I D D N G W N
X E C N A L L I E V R U S Y P O
D S A C T I E B V E O M N P M
Y L S H G R R D C T B B A S I
M K E H D A U N E A B E J E N
O F T I B J U D R Y E R O A D
T S T E H O N Y E E R A R T E
L H E N B S W G S R Y N T A R
```